초등학생의 영어 친구

그래머버디

GRAMMAR BUDDY

3

그래머버디 3

지은이	NE능률 영어교육연구소
연구원	한정은, 이설미, 장민아, 박효빈
영문 교열	Lewis Hugh Hosie, Peter Morton, MyAn Le
디자인	방호현, 장현정, 김연주
내지 일러스트	이지원, 강주연, 마이신, 유경민, 류미선, 바나나비
내지 사진	www.shutterstock.com
맥편집	이정화
영업	한기영, 이경구, 박인규, 정철교, 하진수, 김남준, 이우현
마케팅	박혜선, 남경진, 이지원, 김여진

42nd Since 1980
Let's grow together
NE능률이
미래를
창조합니다.
건강한 배움의 고객가치를 제공하겠다는 꿈을 실현하기 위해
42년 동안 열심히 달려왔습니다.
앞으로도 끊임없는 연구와 노력을 통해
당연한 것을 멈추지 않고
고객, 기업, 직원 모두가 함께 성장하는 NE능률이 되겠습니다.
NE 능률

Dear Friends,

I'm your English Buddy!
Forget about all your worries.
I'm here to help you!
Let's smile! Let's learn! And let's have fun!

All the best,
Your English Buddy

★ HOW TO USE ★

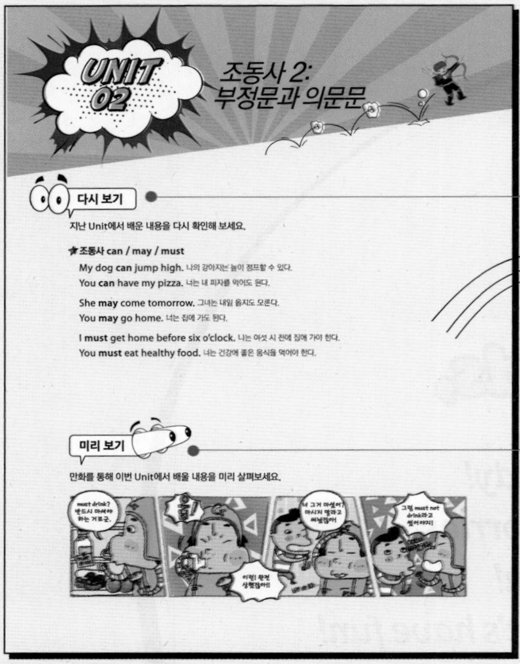

다시 보기

새로운 Unit을 시작하기 전에, 지난 Unit에서 배운 내용을 한 번 더 확인해 보세요.

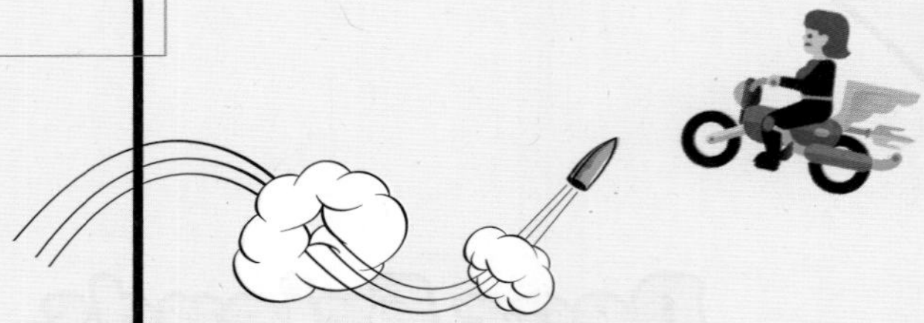

미리 보기

새로운 Unit에서 배울 내용을 만화를 통해 미리 살펴보세요.

문법 활용 스토리

쉽고 재미있는 스토리를 읽고, 그 속에 녹아 있는 문법을 찾아보세요.

핵심 문법 POINT

처음 문법을 시작하는 학생들이 꼭 알아야 할 문법을 알기 쉽게 설명하였습니다. 풍부한 예문을 통해 문법 이해와 흥미를 높이세요.

CHECK UP

학습한 문법은 간단한 문제로 바로 확인해 보세요.

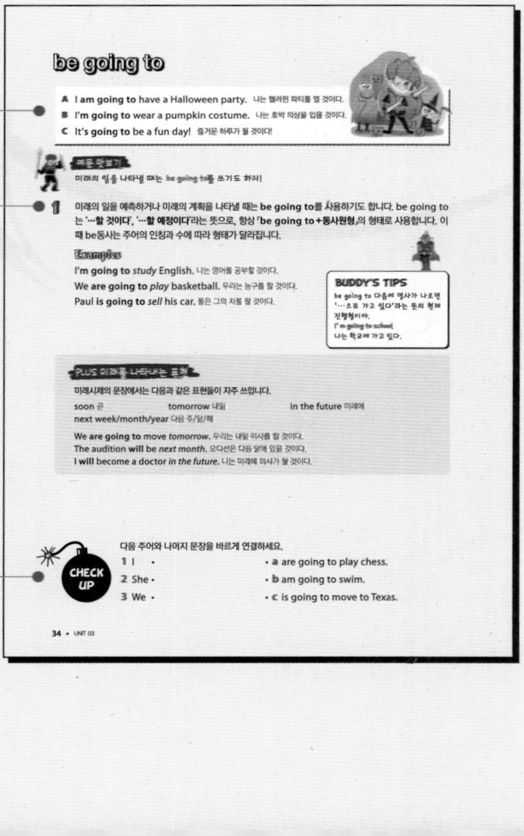

기억나?

학습 내용과 관련된 문법 포인트를 다시 짚어주어 반복 학습이 가능합니다.

BUDDY'S TIPS

초등학생들이 헷갈리기 쉬운 문법포인트를 콕 집어 설명하였습니다.

PLUS

학습한 문법에서 한 걸음 더 나아가 보세요.

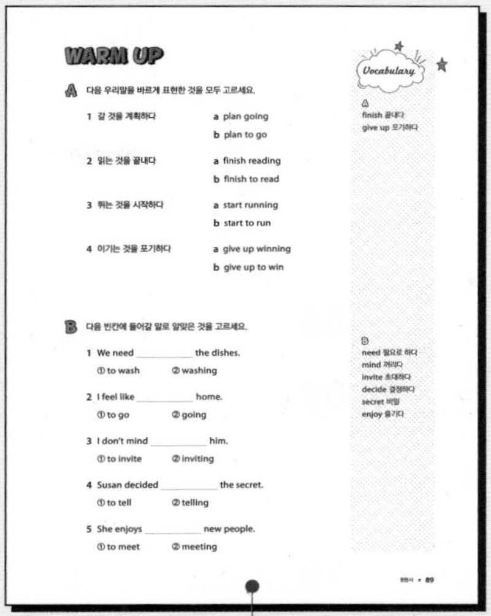

WARM UP

A 다음 우리말을 바르게 표현한 것을 모두 고르세요.

1 갈 것을 계획하다 — a plan going / b plan to go
2 읽는 것을 끝내다 — a finish reading / b finish to read
3 뛰는 것을 시작하다 — a start running / b start to run
4 이기는 것을 포기하다 — a give up winning / b give up to win

B 다음 빈칸에 들어갈 말로 알맞은 것을 고르세요.

1 We need __________ the dishes. ① to wash ② washing
2 I feel like __________ home. ① to go ② going
3 I don't mind __________ him. ① to invite ② inviting
4 Susan decided __________ the secret. ① to tell ② telling
5 She enjoys __________ new people. ① to meet ② meeting

Vocabulary
A finish 끝내다 / give up 포기하다
B need 필요로 하다 / mind 꺼리다 / invite 초대하다 / decide 결정하다 / secret 비밀 / enjoy 즐기다

WARM UP

간단한 유형의 기본 문제를 통해 학습한 문법을 확인해 보세요!

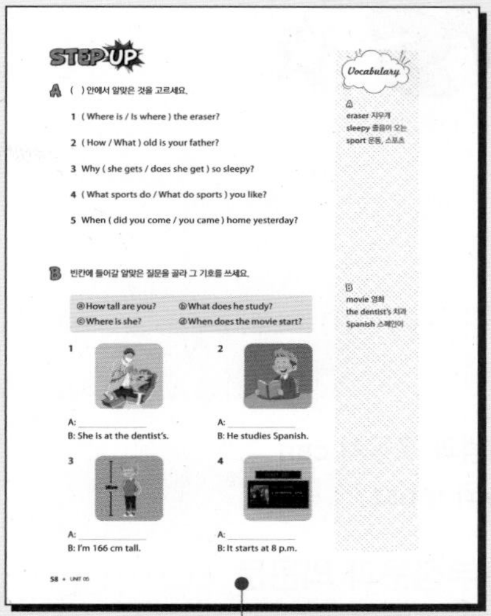

STEP UP

A ( ) 안에서 알맞은 것을 고르세요.

1 (Where is / Is where) the eraser?
2 (How / What) old is your father?
3 Why (she gets / does she get) so sleepy?
4 (What sports do / What do sports) you like?
5 When (did you come / you came) home yesterday?

B 빈칸에 들어갈 알맞은 질문을 골라 그 기호를 쓰세요.

ⓐ How tall are you? ⓑ What does he study? ⓒ Where is she? ⓓ When does the movie start?

1 A: ______ B: She is at the dentist's.
2 A: ______ B: He studies Spanish.
3 A: ______ B: I'm 166 cm tall.
4 A: ______ B: It starts at 8 p.m.

Vocabulary
A eraser 지우개 / sleepy 졸음이 오는 / sport 운동, 스포츠
B movie 영화 / the dentist's 치과 / Spanish 스페인어

STEP UP

Warm up 보다 한 단계 높은 문제를 풀면서, 문법을 활용하는 힘을 길러 보세요.

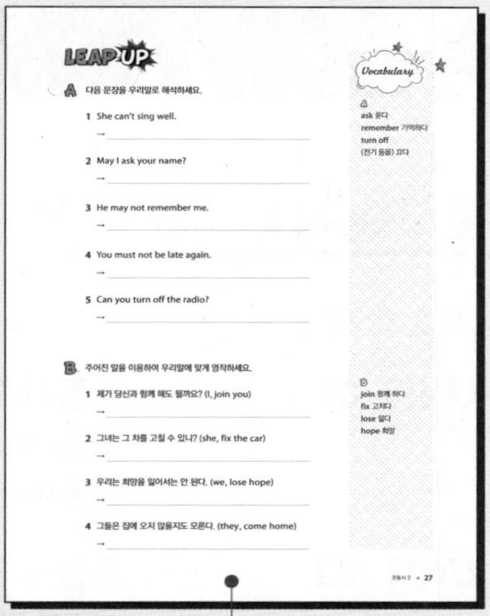

LEAP UP

A 다음 문장을 우리말로 해석하세요.

1 She can't sing well.
2 May I ask your name?
3 He may not remember me.
4 You must not be late again.
5 Can you turn off the radio?

B 주어진 말을 이용하여 우리말에 맞게 영작하세요.

1 제가 당신과 함께 해도 될까요? (I, join you)
2 그녀는 그 차를 고칠 수 있니? (she, fix the car)
3 우리는 희망을 잃어서는 안 된다. (we, lose hope)
4 그들은 집에 오지 않을지도 모른다. (they, come home)

Vocabulary
A ask 묻다 / remember 기억하다 / turn off (전기 등을) 끄다
B join 함께 하다 / fix 고치다 / lose 잃다 / hope 희망

LEAP UP

다양한 형태의 쓰기 문제를 통해 문장 쓰기의 기초를 다져 보세요. 중학교 내신 서술형 문제에도 함께 대비할 수 있어요.

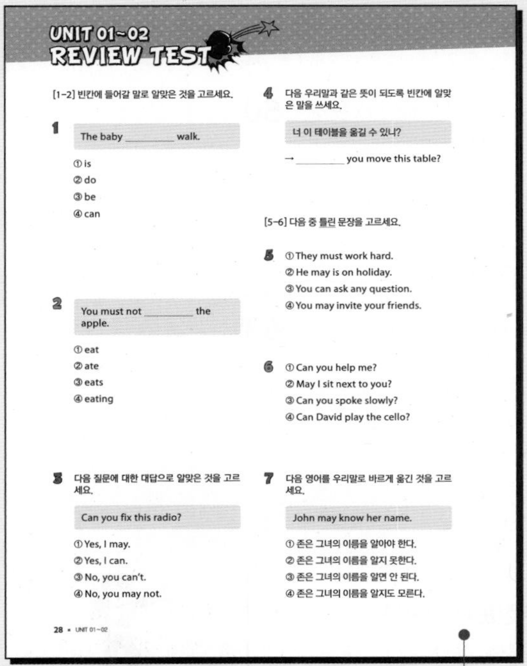

UNIT 01~02 REVIEW TEST

[1-2] 빈칸에 들어갈 말로 알맞은 것을 고르세요.

1 The baby ________ walk.
① is ② do ③ be ④ can

2 You must not ________ the apple.
① eat ② ate ③ eats ④ eating

3 다음 질문에 대한 대답으로 알맞은 것을 고르세요.
Can you fix this radio?
① Yes, I may. ② Yes, I can. ③ No, you can't. ④ No, you may not.

4 다음 우리말과 같은 뜻이 되도록 빈칸에 알맞은 말을 쓰세요.
너 이 테이블을 옮길 수 있니?
→ ________ you move this table?

[5-6] 다음 중 틀린 문장을 고르세요.

5 ① They must work hard. ② He may is on holiday. ③ You can ask any question. ④ You may invite your friends.

6 ① Can you help me? ② May I sit next to you? ③ Can you spoke slowly? ④ Can David play the cello?

7 다음 영어를 우리말로 바르게 옮긴 것을 고르세요.
John may know her name.
① 존은 그녀의 이름을 알아야 한다. ② 존은 그녀의 이름을 알지 못한다. ③ 존은 그녀의 이름을 알면 안 된다. ④ 존은 그녀의 이름을 알지도 모른다.

REVIEW TEST

두 개 Unit을 공부한 후, 객관식 유형과 주관식 유형을 통해 학습한 내용을 종합적으로 확인해 보세요.

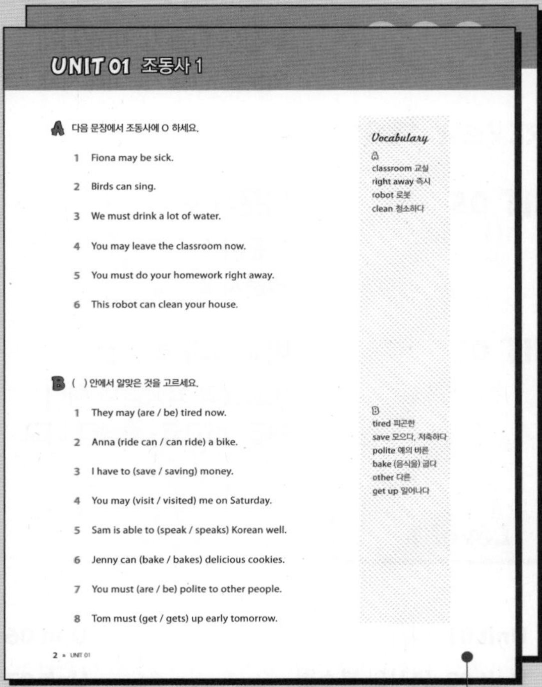

UNIT 01 조동사 1

A 다음 문장에서 조동사에 O 하세요.

1 Fiona may be sick.
2 Birds can sing.
3 We must drink a lot of water.
4 You may leave the classroom now.
5 You must do your homework right away.
6 This robot can clean your house.

B ( ) 안에서 알맞은 것을 고르세요.

1 They may (are / be) tired now.
2 Anna (ride can / can ride) a bike.
3 I have to (save / saving) money.
4 You may (visit / visited) me on Saturday.
5 Sam is able to (speak / speaks) Korean well.
6 Jenny can (bake / bakes) delicious cookies.
7 You must (are / be) polite to other people.
8 Tom must (get / gets) up early tomorrow.

Vocabulary
A classroom 교실 / right away 즉시 / robot 로봇 / clean 청소하다
B tired 피곤한 / save 모으다, 저축하다 / polite 예의 바른 / bake (음식을) 굽다 / other 다른 / get up 일어나다

WORKBOOK

본문에서 부족한 문제는 워크북을 통해 보충해 보세요. Drill, 쓰기 연습 등 다양한 유형으로 문법을 연습할 수 있습니다.

☆ CONTENTS ☆

Level 3

Level 1

Level 2

★ 기초 다지기 ★

문장의 구성

문장을 만들 때는 각각의 단어들이 역할에 따라 알맞은 자리에서 쓰여야 그 문장의 의미를 제대로 전달할 수 있습니다. 문장에서 단어는 주어, 목적어, 보어, 수식어의 역할을 하며 이를 문장의 구성 요소라고 합니다.

1 **주어**: 문장에서 '누가'에 해당하는 말로, 문장 맨 앞에 위치하여 전체 문장을 이끕니다. 문장의 주어가 될 수 있는 것으로는 명사와 대명사가 있습니다.

> **The dog** bites people. 그 개는 사람들을 문다.
> **They** are singers. 그들은 가수이다.

2 **동사**: 주어가 어떤 동작을 하는지, 또는 어떤 상태에 있는지를 알려줍니다. '…하다', '…이다'라고 해석합니다. 영어에서 동사는 주어 바로 뒤에 나옵니다.

> I **passed** the ball. 나는 공을 패스했다.
> He **is** hungry. 그는 배고프다.

3 **목적어**: '…을/를'의 의미를 나타내며, 동작의 대상을 나타냅니다. 목적어는 동사의 뒤에 위치하며, 명사나 대명사가 목적어 역할을 할 수 있습니다.

> Jane drinks **milk.** 제인은 우유를 마신다.
> People are riding **the roller coaster.** 사람들이 롤러코스터를 타고 있다.

4 **보어**: '…는 ~이다'라는 문장에서 '~이다'에 해당하는 말입니다. 목적어처럼 동사 뒤에 위치하며, 주어나 목적어에 대해 보충 설명해 주는 역할을 합니다. 명사나 형용사가 보어 역할을 할 수 있습니다.

> I am **tall.** 나는 키가 크다.
> He became **a teacher.** 그는 선생님이 되었다.
> You make me **happy.** 너는 나를 행복하게 한다.

5 **수식어**: 문장의 의미를 더 자세하게 만들기 위해 사용하는 말입니다. 형용사, 부사, 전치사 등이 수식어 역할을 할 수 있습니다.

> She ate a melon. → She ate a **sweet** melon.
> 그녀는 멜론을 먹었다. → 그녀는 달콤한 멜론을 먹었다.
>
> I walk. → I walk **fast**.
> 나는 걷는다. → 나는 빠르게 걷는다.
>
> He woke up. → He woke up **at eight o'clock**.
> 그는 일어났다. → 그는 8시에 일어났다.

SPEED CHECK

A 다음 문장에서 주어에는 O 하고, 동사에는 밑줄을 그으세요.

1 The boys are tall.
2 Miranda eats pizza.
3 He sings.
4 The earth is round.

B 다음 문장에서 밑줄 친 부분이 목적어이면 '목', 보어이면 '보'라고 쓰세요.

1 His face is red. ________
2 She writes a letter. ________
3 He plays the drums. ________
4 The popcorn smells nice. ________

C 다음 문장에서 수식어를 찾아 밑줄을 그으세요.

1 He woke up at night.
2 The car runs slowly.
3 The dog sleeps in his house.
4 The angry cow hit the cowboy.

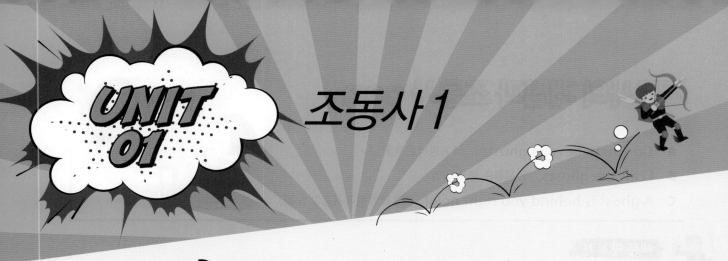

UNIT 01 조동사 1

미리 보기

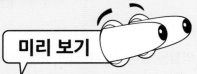

만화를 통해 이번 Unit에서 배울 내용을 미리 살펴보세요.

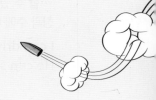

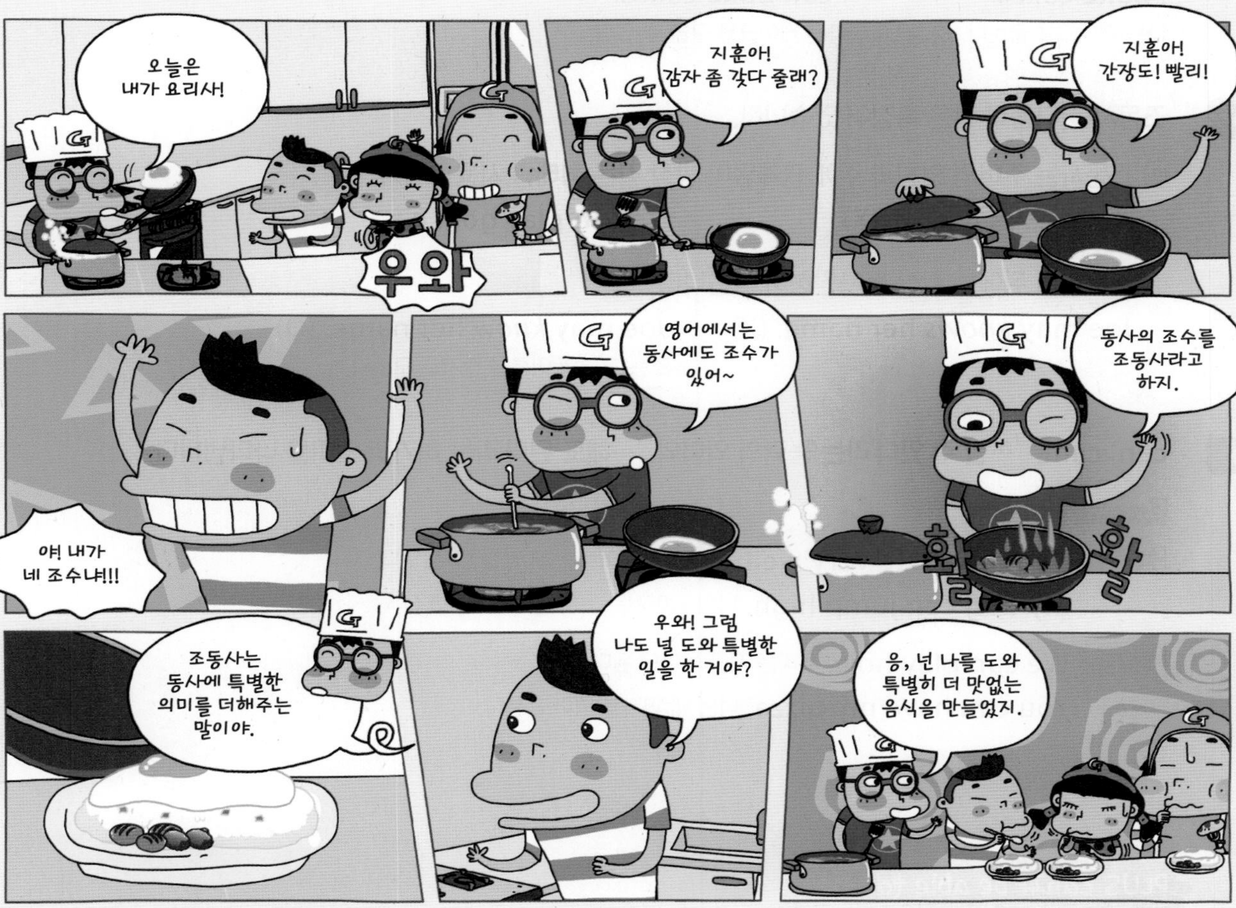

조동사의 개념과 조동사 can

A Do you believe in ghosts? 너 유령의 존재를 믿니?

B I **can** see ghosts. 난 유령을 볼 수 있어.

C A ghost is behind you right now! 지금 너의 뒤에 유령이 있어!

예문 맛보기

B의 can은 조동사야. 조동사는 어떤 역할을 할까?

1 **조동사**는 be동사나 일반동사 앞에서 **동사에 특별한 의미를 더해주는 역할**을 합니다. 대표적인 조동사로는 can, may, must 등이 있습니다.

I **bake** cakes. → I **can bake** cakes.

나는 케이크를 굽는다. 나는 케이크를 구울 수 있다.

2 조동사는 다음과 같은 특징이 있습니다.

(1) 조동사는 주어의 인칭과 수에 관계없이 **항상 같은 형태**를 사용합니다.

He **cans** play golf. (X) He **can** play golf. (O) 그는 골프를 칠 수 있다.

(2) **조동사의 뒤**에는 항상 **동사원형**이 나옵니다.

Joe **may** *knows* her name. (X) Joe **may** *know* her name. (O)

조는 그녀의 이름을 알지도 모른다.

3 **can**: can은 **'…할 수 있다'**라는 능력의 의미와, **'…해도 된다'**라는 허가의 의미를 나타냅니다.

Examples

[능력] She **can** skate very well. 그녀는 스케이트를 매우 잘 탈 수 있다.

My dog **can** jump high. 나의 강아지는 높이 점프할 수 있다.

[허가] We **can** play now. 우리는 지금 놀아도 된다.

You **can** have my pizza. 너는 내 피자를 먹어도 된다.

PLUS can과 be able to

'…할 수 있다'라는 능력을 나타낼 때는 can을 be able to로 바꿔 쓸 수 있습니다. 이때 be동사는 주어의 인칭과 수에 따라 형태가 달라집니다.

I **can** drive a car. = I **am able to** drive a car. 나는 자동차를 운전할 수 있다.

He **can** swim well. = He **is able to** swim well. 그는 수영을 잘 할 수 있다.

WARM UP

A ( ) 안에서 알맞은 것을 고르세요.

1 Most birds can (fly / flying).

2 I can (am / be) there soon.

3 He (can / cans) swim very well.

4 She (may / mays) go to bed early.

5 Laura and Mary can (drive / drives).

6 You must (close / closed) the door.

B 다음 문장에서 밑줄 친 can의 의미로 알맞은 것을 고르세요.

	…할 수 있다	…해도 된다
1 Olivia can run fast.	①	②
2 I can read Japanese.	①	②
3 Anyone can sit here.	①	②
4 I can jump very high.	①	②
5 You can eat my pizza.	①	②
6 George can make pasta.	①	②
7 You can close the window.	①	②

Vocabulary

A
most 대부분의
fly 날다
there 그곳에
soon 곧
go to bed 자러 가다
early 일찍
drive 운전하다
close 닫다

B
fast 빨리, 빠르게
Japanese 일본어
anyone 누구나
jump 뛰다, 점프하다
high 높게
pasta 파스타

조동사 may와 must

A Where is Snoopy? 스누피는 어디 있지?

B He **may** be under the couch. 그는 소파 아래 있을지도 몰라.

C No, he's under the blanket. 아니야, 그는 담요 아래에 있어.

예문 맛보기

B의 조동사 may는 어떤 의미일지 생각해 봐.

1 **may**: may는 **'…일지도 모른다'**라는 추측의 의미와, **'…해도 된다'**라는 허가의 의미를 나타냅니다.

Examples

[추측] He **may** be sick. 그는 아플지도 모른다.

She **may** come tomorrow. 그녀는 내일 올지도 모른다.

[허가] You **may** go home. 너는 집에 가도 된다.

You **may** play with your friends. 너는 친구들과 놀아도 된다.

2 **must**: must는 **'…해야 한다'**라는 의무를 나타냅니다.

Examples

I **must** get home before six o'clock. 나는 여섯 시 전에 집에 가야 한다.

You **must** listen carefully. 너는 주의해서 들어야 한다.

You **must** eat healthy food. 너는 건강에 좋은 음식을 먹어야 한다.

PLUS must와 have to

'…해야 한다'라는 의무를 나타낼 때는 must를 have to로 바꿔 쓸 수 있습니다. 이때 have는 주어의 인칭과 수에 따라 형태가 달라집니다.

You **must** go now. = You **have to** go now. 너는 지금 가야 한다.

She **must** stay at home. = She **has to** stay at home. 그녀는 집에 머물러야 한다.

CHECK UP

다음 문장에서 주어진 조동사가 들어갈 위치에 ✓ 하세요.

1 You ① drink ② the ③ juice. (may)

2 She ① have ② an ③ umbrella. (may)

3 You ① and ② I ③ meet ④ again soon. (must)

WARM UP

A 다음 조동사와 그 의미를 바르게 연결하세요.

1 may •

2 must •

• a …해야 한다

• b …해도 된다

• c …일지도 모른다

B 다음 우리말과 일치하는 문장을 고르세요.

1 루시는 부자일지도 모른다.
a Lucy may be rich.
b Lucy must be rich.

2 밖은 추울지도 모른다.
a It may be cold outside.
b It must be cold outside.

3 너는 집에 일찍 와야 한다.
a You may come home early.
b You must come home early.

4 너는 손을 씻어야 한다.
a You may wash your hands.
b You must wash your hands.

5 너는 그 물을 마셔도 된다.
a You may drink the water.
b You must drink the water.

Vocabulary

B
rich 부유한
outside 밖에
come 오다
wash 씻다
drink 마시다

STEP UP

A 밑줄 친 조동사의 의미로 알맞은 것을 골라 그 기호를 쓰세요.

ⓐ …해도 된다	ⓑ …해야 한다
ⓒ …할 수 있다	ⓓ …일지도 모른다

1 You may use my phone. ______

2 I can answer the question. ______

3 You can turn off the light. ______

4 My mother may be in the kitchen. ______

5 You must be careful with the knife. ______

B 다음 우리말과 같은 뜻이 되도록 빈칸에 can, may, must 중 알맞은 말을 쓰세요.

1 루이스는 자동차를 고칠 수 있다.

→ Lewis ______ fix cars.

2 에반이 그 게임에서 이길지도 모른다.

→ Evan ______ win the game.

3 너는 정지 신호에 멈춰야 한다.

→ You ______ stop at a red light.

4 너는 매일 양치질을 해야 한다.

→ You ______ brush your teeth every day.

Vocabulary

A

answer 대답하다
question 질문, 문제
turn off 끄다
light 전등
kitchen 부엌, 주방
careful 조심하는
knife 칼, 나이프

B

fix 고치다
win 이기다
stop 멈추다, 서다
red light 정지 신호
brush one's teeth 양치질을 하다

C 다음 두 문장이 같은 뜻이 되도록 빈칸에 알맞은 말을 쓰세요.

1 You must save money.

→ You ________ ________ save money.

2 He can reach the shelf.

→ He ________ ________ ________ reach the shelf.

3 I can understand the book.

→ I ________ ________ ________ understand the book.

4 She must finish the homework first.

→ She ________ ________ finish the homework first.

D 다음 우리말과 같은 뜻이 되도록 〈보기〉의 단어와 can, may, must를 이용하여 문장을 완성하세요.

〈보기〉	see	make	come	take

1 You ______________ to this festival!
당신은 이 축제에 와야 합니다!

2 You ______________ many kinds of toys.
당신은 많은 종류의 장난감들을 볼 수 있습니다.

3 You ______________ your own doll.
당신은 자신만의 인형을 만들 수 있습니다.

4 You ______________ it home.
당신은 그것을 집에 가져가도 됩니다.

Vocabulary

C
save 저축하다
reach …에 닿다
shelf 선반
understand 이해하다
first 우선

D
take 가지고 가다
kind 종류
own 자신의

E 다음 그림을 보고 주어진 단어와 조동사를 이용하여 문장을 완성하세요.

1 
strike

2 
borrow

3 

arrive

1 Messi is a great soccer player.
He ________________ the ball very well. (can)

2 A: It's raining. I don't have an umbrella.
B: You ________________ mine. (may)

3 The train leaves at ten o'clock.
You ________________ at the station before ten. (must)

F 다음 문장에서 밑줄 친 부분을 바르게 고쳐 쓰세요.

1 The car may is Adam's. → ________________
2 She have to practice hard. → ________________
3 Owen be able to swim well. → ________________
4 You bring may your friends. → ________________
5 The actor cans ride a horse. → ________________
6 You go must to the hospital now. → ________________

Vocabulary

E
strike (공을) 차다
borrow 빌리다
arrive 도착하다
soccer player 축구 선수
leave 떠나다
station 역

F
practice 연습하다
hard 열심히
bring 데려오다
actor 배우
horse 말

LEAP UP

A 다음 문장을 우리말로 해석하세요.

1 You may buy a new cell phone.

→ ______________________________

2 The monkey can dance.

→ ______________________________

3 He is able to speak Chinese.

→ ______________________________

4 She must arrive before two o'clock.

→ ______________________________

B 다음 우리말과 같은 뜻이 되도록 ( ) 안의 말을 바르게 배열하세요.

1 너는 나의 집을 방문해도 된다. (visit / you / my house / may)

→ ______________________________

2 너는 반드시 사실을 말해야 한다.
(the truth / must / you / tell)

→ ______________________________

3 티나는 그 시험을 통과해야 한다.
(to / Tina / pass / the exam / has)

→ ______________________________

4 이 로봇은 너의 방을 청소할 수 있다.
(your room / this robot / clean / can)

→ ______________________________

Vocabulary

A
monkey 원숭이
Chinese 중국어

B
visit 방문하다
truth 사실, 진실
tell 말하다
pass 통과하다
exam 시험
clean 청소하다

나에게 어울리는 직업을 찾아라!

테이블이 있는 공연장이네요!
나라면 어떤 자리에 앉겠어요?

결과는 p. 30에서 확인할 수 있습니다.

UNIT 02 조동사 2: 부정문과 의문문

다시 보기

지난 Unit에서 배운 내용을 다시 확인해 보세요.

★ 조동사 can / may / must

My dog **can** jump high. 나의 강아지는 높이 점프할 수 있다.
You **can** have my pizza. 너는 내 피자를 먹어도 된다.

She **may** come tomorrow. 그녀는 내일 올지도 모른다.
You **may** go home. 너는 집에 가도 된다.

I **must** get home before six o'clock. 나는 여섯 시 전에 집에 가야 한다.
You **must** eat healthy food. 너는 건강에 좋은 음식을 먹어야 한다.

미리 보기

만화를 통해 이번 Unit에서 배울 내용을 미리 살펴보세요.

부정문 만들기: 조동사

A I **cannot** breathe. 나는 숨을 쉴 수가 없다.
B I **can't** think of anything. 나는 아무 것도 생각할 수가 없다.
C My heart is pumping. 내 심장이 뛰고 있다.
D Am I sick? No, I'm in love! 내가 아픈 걸까? 아니, 난 사랑에 빠진 거야!

예문 맛보기
A와 B의 cannot과 can't는 조동사 can의 부정을 나타내.

1 조동사가 있는 문장을 부정문으로 만들 때는 조동사 뒤에 not을 붙여 「**주어+조동사+not+동사원형 …**」의 형태로 씁니다.

2 **can의 부정문**: can의 부정문은 '**…할 수 없다**'(능력)와 '**…하면 안 된다**'(허가)라는 두 가지 의미를 가집니다. 주로 can과 not은 띄어 쓰지 않고 붙여서 **cannot**으로 쓰며, 보통 **can't**로 줄여 씁니다.

Examples

[능력] Penguins **cannot** fly. 펭귄은 날 수 없다.
The baby **can't** walk. 그 아기는 걸을 수 없다.

[허가] You **cannot** talk loudly in the library. 너는 도서관에서 시끄럽게 말해서는 안 된다.
You **can't** play the piano at night. 너는 밤에 피아노를 쳐서는 안 된다.

3 **may의 부정문**: may의 부정문은 '**…이 아닐지도 모른다**'(추측)와 '**…하면 안 된다**'(허가)라는 두 가지 의미를 가집니다.

Examples

[추측] He **may not** be a doctor. 그는 의사가 아닐지도 모른다.
They **may not** come today. 그들은 오늘 오지 않을지도 모른다.

[허가] You **may not** watch TV now. 너는 지금 TV를 보면 안 된다.
Dogs **may not** enter this room. 개는 이 방에 들어오면 안 된다.

4 **must의 부정문**: must의 부정문은 '**…하면 안 된다**'라는 강한 금지를 나타냅니다.

Examples

We **must not** cheat on the test. 우리는 시험에서 부정행위를 하면 안 된다.
You **must not** tell lies. 너는 거짓말을 해서는 안 된다.

WARM UP

A 다음 중 조동사의 부정문에 ✓ 하세요.

1 You can't go home now. ☐

2 Snakes cannot walk. ☐

3 I must go to hospital. ☐

4 They may not go out. ☐

5 James may be sick today. ☐

6 You cannot play the piano at night. ☐

7 You must not eat too much salty food. ☐

B 다음 문장에서 not이 들어갈 위치에 ✓ 하세요.

1 You ① must ② tell ③ lies.

2 You ① may ② watch ③ TV now.

3 His ① father ② may ③ be a doctor.

4 This ① gold ② may ③ be ④ real.

5 We ① must ② cheat ③ on the test.

6 He ① may ② be ③ at school.

7 Students ① must ② be ③ late for class.

Vocabulary

A
snake 뱀
hospital 병원
go out 나가다
too 너무
salty 소금이 든, 짠

B
tell a lie 거짓말하다
real 진짜의
cheat 부정행위를 하다
student 학생
class 수업

의문문 만들기: 조동사

A **May** I help you? 제가 도와드릴까요?
B Yes. **Can** I try on this skirt? 네. 제가 이 치마를 입어봐도 될까요?
C **Yes,** you **can.** 네, 됩니다.

예문 맛보기

may와 can이 의문문에 쓰이면 어떻게 해석할까?

1 조동사가 있는 문장을 의문문으로 만들 때는 조동사를 맨 앞에 써서 「**조동사+주어+동사원형 …?**」의 형태로 씁니다.

2 **can의 의문문**: can의 의문문은 '…**할 수 있니?**'(능력), '…**해도 될까?**'(허가) 또는 '…**해 주겠니?**(요청)'라는 다양한 의미를 가집니다. 이에 대한 대답은 「**Yes,** 주어+**can.**」 또는 「**No,** 주어+**can't.**」로 합니다.

Examples

[능력] A: **Can** she swim? 그녀는 수영할 수 있니?
B: **Yes,** she **can.** 응, 할 수 있어. / **No,** she **can't.** 아니, 못 해.

[허가] A: **Can** I use your computer? 내가 네 컴퓨터를 써도 되니?
B: **Yes,** you **can.** 응, 써도 돼. / **No,** you **can't.** 아니, 쓰면 안 돼.

[요청] A: **Can** you open the window? 창문 좀 열어주겠니?
B: **Sure.** 물론이지. / **Sorry, but I can't.** 미안하지만 안 돼.

3 **may의 의문문**: 조동사 may의 의문문은 주로 「**May I+동사원형 …?**」의 형태로 씁니다. 이 표현은 '**제가 …해도 될까요?**'라는 뜻으로, 정중하게 허락을 구하는 표현입니다. 이에 대한 대답은 「**Yes, you may.**」 또는 「**No, you may not.**」으로 합니다.

Examples

A: **May I** come in? 제가 들어가도 될까요?
B: **Yes, you may.** 네, 됩니다. / **No, you may not.** 아니요, 안 됩니다.

PLUS 요청·허가를 구하는 말에 대한 대답

can, may를 써서 요청하거나 허가를 구할 때는 다음과 같이 대답할 수도 있습니다.

Sure. 물론이야.
Of course. 물론이야.
No problem. 문제없어. (괜찮다는 의미)
Sorry, but …. 미안하지만 …. (거절의 의미)

WARM UP

A 밑줄 친 조동사의 의미로 알맞은 것을 골라 그 기호를 쓰세요.

ⓐ …할 수 있니? ⓑ …해도 될까(요)? ⓒ …해 주겠니?

1 May I come in? ________

2 Can pigs jump? ________

3 Can you play tennis? ________

4 Can I turn on the TV? ________

5 Can you open the door? ________

B 다음 빈칸에 들어갈 말로 알맞은 것을 고르세요.

1 A: May I sit here?
B: No, you ________. ① may ② may not

2 A: Can bees dance?
B: Yes, they ________. ① can ② can't

3 A: Can you help me?
B: Yes, I ________. ① can ② can't

4 A: Can we go for a walk?
B: No, we ________. ① can ② can't

5 A: May I borrow your cell phone?
B: Yes, you ________. ① may ② may not

Vocabulary

A
come in 들어오다
pig 돼지
jump 뛰다, 점프하다
turn on
(전기 등을) 켜다

B
bee 벌
help 도와주다
go for a walk
산책하러 가다
borrow 빌리다
cell phone 휴대폰

STEP UP

A ( ) 안에서 알맞은 것을 고르세요.

1 Can Mary (drive / drives) a car?

2 (Can / May) you hold my hand?

3 You (not may / may not) leave now.

4 I (not must / must not) fail this time.

5 I'm full. I (can / can't) eat any more.

6 (May / Must) I have a glass of water?

7 It's cold. (Can / Must) you close the door?

B 다음 문장을 부정문으로 바꿀 때 빈칸에 알맞은 말을 쓰세요.

1 I can make pizza.

→ I ______________ pizza.

2 We must forget her name.

→ We ______________ her name.

3 You may make noise here.

→ You ______________ noise here.

4 Paul may live in this apartment.

→ Paul ______________ in this apartment.

Vocabulary

A
hold 잡다
fail 실패하다
this time 이번은
full 배부르게 먹은
any more 더 이상

B
forget 잊다
make noise
소란을 피우다

C 다음 그림을 보고 주어진 단어와 조동사를 이용하여 문장을 완성하세요.

1 
2 
3 

eat | be | use

1 He __________ walnuts. He __________ bananas. (can)

2 She __________ at home. She __________ at the playground. (may)

3 You __________ a pencil. You __________ a pen. (must)

D 다음 우리말과 같은 뜻이 되도록 주어진 단어를 이용하여 문장을 완성하세요.

1 로이는 롤러코스터를 타지 못한다.

→ Roy ________ ________ a roller coaster. (ride)

2 너는 테니스를 칠 수 있니?

→ ________ you ________ tennis? (play)

3 제가 당신의 여권을 봐도 될까요?

→ ________ I ________ your passport? (see)

4 그는 정시에 도착하지 않을지도 모른다.

→ He ________ ________ ________ on time. (arrive)

Vocabulary

C
use 사용하다
walnut 호두
playground 놀이터
use 쓰다, 사용하다

D
passport 여권
on time
정시에, 제시간에

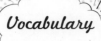

E 다음 그림을 보고 빈칸에 알맞은 말을 쓰세요.

1

A: Can I park here?

B: No, you can't.

2

A: May I bring my pet?

B: ____________________

3

A: Can I take a picture here?

B: ____________________

4

A: May I ride a bike here?

B: ____________________

F 다음 문장에서 틀린 부분을 찾아 바르게 고쳐 쓰세요.

1 You must steal not.

2 I can't slept at night.

3 Can hear you my voice?

4 May I started the game?

5 He may not tells the truth.

6 We can buy not a new car.

Vocabulary

E

parking 주차
park 주차하다
bring 데려오다
pet 애완동물
take a picture 사진을 찍다

F

steal 훔치다
hear 듣다
voice 목소리
start 시작하다
truth 사실

LEAP UP

A 다음 문장을 우리말로 해석하세요.

1 She can't sing well.

→ ______________________________

2 May I ask your name?

→ ______________________________

3 He may not remember me.

→ ______________________________

4 You must not be late again.

→ ______________________________

5 Can you turn off the radio?

→ ______________________________

B 주어진 말을 이용하여 우리말에 맞게 영작하세요.

1 제가 당신과 함께 해도 될까요? (I, join you)

→ ______________________________

2 그녀는 그 차를 고칠 수 있니? (she, fix the car)

→ ______________________________

3 우리는 희망을 잃어서는 안 된다. (we, lose hope)

→ ______________________________

4 그들은 집에 오지 않을지도 모른다. (they, come home)

→ ______________________________

Vocabulary

A
ask 묻다
remember 기억하다
turn off
(전기 등을) 끄다

B
join 함께 하다
fix 고치다
lose 잃다
hope 희망

UNIT 01~02 REVIEW TEST

[1-2] 빈칸에 들어갈 말로 알맞은 것을 고르세요.

1

The baby ________ walk.

① is
② do
③ be
④ can

2

You must not ________ the apple.

① eat
② ate
③ eats
④ eating

3 다음 질문에 대한 대답으로 알맞은 것을 고르세요.

Can you fix this radio?

① Yes, I may.
② Yes, I can.
③ No, you can't.
④ No, you may not.

4 다음 우리말과 같은 뜻이 되도록 빈칸에 알맞은 말을 쓰세요.

너 이 테이블을 옮길 수 있니?

→ ________ you move this table?

[5-6] 다음 중 틀린 문장을 고르세요.

5

① They must work hard.
② He may is on holiday.
③ You can ask any question.
④ You may invite your friends.

6

① Can you help me?
② May I sit next to you?
③ Can you spoke slowly?
④ Can David play the cello?

7 다음 영어를 우리말로 바르게 옮긴 것을 고르세요.

John may know her name.

① 존은 그녀의 이름을 알아야 한다.
② 존은 그녀의 이름을 알지 못한다.
③ 존은 그녀의 이름을 알면 안 된다.
④ 존은 그녀의 이름을 알지도 모른다.

All our dreams can come true,
if we have the courage to pursue them.
– Walt Disney

8 다음 우리말을 영어로 바르게 옮긴 것을 고르세요.

> 나는 더 이상 못 달리겠어.

① I can run any more.
② I can't run any more.
③ I may not run any more.
④ I must not run any more.

9 다음 중 올바른 문장을 고르세요.

① I can't saw and heard.
② Can I ask your address?
③ He may being at home.
④ You must wear not earrings.

10 밑줄 친 may가 〈보기〉와 같은 의미로 쓰인 것을 고르세요.

> 〈보기〉 You may come late.

① I'm late! I may miss the bus.
② You may use the computer.
③ It may be raining tomorrow.
④ She may get an A on the test.

11 다음 우리말과 같은 뜻이 되도록 (   ) 안의 말을 바르게 배열하세요.

> 제가 당신의 친구가 되어도 될까요?
> (your friend / I / be / may)

→ ________________________

12 두 문장이 같은 뜻이 되도록 빈칸에 알맞은 말을 쓰세요.

> She can see ghosts.

→ She ________ ________ ________ ________ ghosts.

[13–14] 다음 문장을 (   ) 안의 지시대로 바꿔 쓰세요.

13

> You must use your cell phone.
> (부정문)

→ ________________________

14

> You can turn off the light. (의문문)

→ ________________________

나에게 어울리는 직업을 찾아라!

A 무대 바로 앞 자리

무대가 잘 보이는 이 자리를 선택한 당신은 유행에 민감하고 다른 사람들의 관심과 사랑을 받고 싶어해요. 다소 힘들더라도 화려해 보이는 직업을 좋아하지요. 그래서 연예인, 사업가, 정치가가 어울려요.

B 출입구 자리

쉽게 자리를 뜰 수 있는 출입구 자리를 선택한 당신은 고정관념을 싫어해요. 자유롭게 생각하고 그것을 표현하고 싶어하죠. 예술가나 발명가 등이 잘 어울린답니다.

C 가운데 자리

사람들과 어울리기 쉬운 가운데 자리를 선택한 당신은 누군가와 이야기를 할 때 행복을 느껴요. 세일즈맨, 강사, 심리 상담사 등이 잘 어울려요.

D 구석진 자리

사람들 눈에 잘 띄지 않는 구석진 자리를 선택한 당신은 자기가 좋아하는 분야에 몰두하는 것을 좋아해요. 끈기가 있어서 꾸준히 노력해 결국 멋진 결과물을 만들어내죠. 연구원, 교수, 엔지니어 등이 잘 어울려요.

E 맨 뒷자리

파티에 참석한 사람들을 한 눈에 볼 수 있는 맨 뒷자리를 선택한 당신은 자기도 모르게 모든 것들을 관찰하고 해결하려고 하죠. 감성보다는 이성을 중요하게 생각해요. 변호사, 비서 등이 잘 어울려요.

UNIT 03 미래시제 1

다시 보기

지난 Unit에서 배운 내용을 다시 확인해 보세요.

★ 조동사의 부정문

Penguins **cannot** fly. 펭귄은 날 수 없다.
You **can't** play the piano at night. 너는 밤에 피아노를 쳐서는 안 된다.
They **may not** come today. 그들은 오늘 오지 않을지도 모른다.
You **may not** watch TV now. 너는 지금 TV를 보면 안 된다.
You **must not** tell lies. 너는 거짓말을 해서는 안 된다.

★ 조동사의 의문문

A: **Can** she swim? 그녀는 수영할 수 있니? B: **Yes, she can.** 응, 할 수 있어.
A: **Can** I use your computer? 내가 네 컴퓨터를 써도 되니? B: **No, you can't.** 아니, 쓰면 안 돼.
A: **Can** you open the window? 창문 좀 열어주겠니? B: **Sure.** 물론이지.
A: **May** I come in? 제가 들어가도 될까요? B: **No, you may not.** 아니요, 안 됩니다.

미리 보기

만화를 통해 이번 Unit에서 배울 내용을 미리 살펴보세요.

will

A I **will** make a cocoon. 나는 고치를 지을 것이다.

B I **will** sleep there in the winter. 나는 겨울에 그곳에서 잠을 잘 것이다.

C In the spring, I **will** be a butterfly! 봄이 되면, 나는 나비가 될 것이다!

예문 맛보기

A, B, C의 will은 어떤 의미일까?

1 will은 '**…할 것이다**'라는 뜻으로, 앞으로 일어날 일을 예측하거나 미래의 계획을 나타낼 때 씁니다. 주어의 인칭과 수에 상관없이 항상 「**will+동사원형**」의 형태로 씁니다.

Examples

I **will** *be* in the sixth grade next year. 나는 내년에 6학년이 될 것이다.
They **will** *go* to London next year. 그들은 내년에 런던으로 갈 것이다.
The teacher **will** *arrive* soon. 선생님께서 곧 도착하실 것이다.

2 「대명사 주어+will」은 줄여 쓸 수 있습니다.

Examples

I'll get the phone. 내가 전화를 받을게.
It'll be a fine day tomorrow. 내일은 화창한 날이 될 것이다.
He'll leave for LA next Sunday. 그는 다음 주 일요일에 LA로 떠날 것이다.

PLUS 미래시제

미래시제는 앞으로의 계획이나 미래에 일어날 일에 대해 말할 때 사용합니다. 아래 표를 통해 과거시제, 현재시제와 비교해 보세요.

과거시제	현재시제	미래시제
It **was** cold yesterday. 어제는 추웠다.	It **is** cold today. 오늘은 춥다.	It **will** be cold tomorrow. 내일은 추울 것이다.

CHECK UP

다음 문장의 밑줄 친 부분을 줄임형으로 쓰세요.

1 <u>We will</u> be busy. ________

2 <u>He will</u> go shopping. ________

WARM UP

A 다음 중 미래를 나타내는 문장에 ✓ 하세요.

1 I am a dentist. ☐

2 I will get the phone. ☐

3 She was late for school. ☐

4 It will be cold tomorrow. ☐

5 I will have potato salad. ☐

6 We had pizza for dinner yesterday. ☐

7 John will become the next class president. ☐

B 다음 문장에서 will이 들어갈 위치에 ✓ 하세요.

1 I ① see ② you ③ soon.

2 The ① weather ② be ③ fine.

3 We ① tell ② you ③ our secret.

4 They ① have ② a ③ great time.

5 The ① man ② be my ③ new teacher.

6 We ① celebrate ② his ③ birthday.

7 Susan ① and ② I ③ travel to Africa.

Vocabulary

A
dentist 치과 의사
salad 샐러드
become …이 되다
next 다음의
class president 반장

B
soon 곧
weather 날씨
fine 맑은, 화창한
secret 비밀
celebrate 축하하다
travel 여행하다

be going to

A I **am going to** have a Halloween party. 나는 핼러윈 파티를 열 것이다.

B I'**m going to** wear a pumpkin costume. 나는 호박 의상을 입을 것이다.

C It's **going to** be a fun day! 즐거운 하루가 될 것이다!

예문 맛보기

미래의 일을 나타낼 때는 be going to를 쓰기도 하지!

1 미래의 일을 예측하거나 미래의 계획을 나타낼 때는 **be going to**를 사용하기도 합니다. be going to는 '**…할 것이다**', '**…할 예정이다**'라는 뜻으로, 항상 「**be going to+동사원형**」의 형태로 사용합니다. 이때 be동사는 주어의 인칭과 수에 따라 형태가 달라집니다.

Examples

I'**m going to** *study* English. 나는 영어를 공부할 것이다.

We **are going to** *play* basketball. 우리는 농구를 할 것이다.

Paul **is going to** *sell* his car. 폴은 그의 차를 팔 것이다.

BUDDY'S TIPS

be going to 다음에 명사가 나오면 '…으로 가고 있다'라는 뜻의 현재 진행형이야.

I'm going to school.

나는 학교에 가고 있다.

PLUS 미래를 나타내는 표현

미래시제의 문장에서는 다음과 같은 표현들이 자주 쓰입니다.

soon 곧   tomorrow 내일   in the future 미래에

next week/month/year 다음 주/달/해

We **are going to** move *tomorrow*. 우리는 내일 이사를 할 것이다.

The audition **will** be *next month*. 오디션은 다음 달에 있을 것이다.

I **will** become a doctor *in the future*. 나는 미래에 의사가 될 것이다.

CHECK UP

다음 주어와 나머지 문장을 바르게 연결하세요.

1 I •

2 She •

3 We •

• **a** are going to play chess.

• **b** am going to swim.

• **c** is going to move to Texas.

WARM UP

A 다음 빈칸에 들어갈 말로 알맞은 것을 고르세요.

1 We are going to ________ happy.

① are ② be

2 She is going to ________ about it.

① think ② thinks

3 I am going to ________ to bed early.

① go ② went

4 Jane is going to ________ her friends.

① invite ② invites

5 They are going to ________ on Wednesday.

① arrives ② arrive

B 다음 우리말과 일치하는 문장을 고르세요.

1 나는 애슐리에게 문자를 보낼 것이다.

a I am going to text Ashley.

b I be going to text Ashley.

2 세레나는 그녀의 방을 페인트칠할 것이다.

a Serena painted her room.

b Serena is going to paint her room.

3 그는 청바지를 입을 것이다.

a He is wearing blue jeans.

b He is going to wear blue jeans.

Vocabulary

A
go to bed 자러 가다
invite 초대하다

B
text (휴대전화로) 문자를 보내다
paint 페인트칠하다
blue jeans 청바지

STEP UP

A ( ) 안에서 알맞은 것을 고르세요.

1 I (am / will) leave soon.

2 (I'll / I'ill) talk to your teacher.

3 Tom (will / wills) know the answer.

4 It (be / is) going to snow tomorrow.

5 They are going (rent / to rent) a car.

6 She (studied / will study) Japanese next month.

7 We (will / are) going to join the soccer club.

8 My father will (pick / picks) you up at eight o'clock.

B 주어진 단어를 빈칸에 알맞은 형태로 쓰세요.

1 I will ___________ to the gym. (go)

2 She will ___________ her clothes. (iron)

3 He is going to ___________ a new job. (get)

4 You are going to ___________ the flight. (miss)

5 We are going to ___________ a nap. (take)

6 The party will ___________ this month. (be)

Vocabulary

A

answer 해답, 답
rent 빌리다
Japanese 일본어
join 가입하다
club 동호회
pick … up
…를 (차에) 태우러 가다

B

gym 체육관
iron 다리미질하다
job 직업
flight 항공편[항공기]
miss 놓치다
take a nap
낮잠을 자다

C 다음 문장을 will을 사용한 미래시제로 바꿀 때 빈칸에 알맞은 말을 쓰세요.

1 He gets a haircut.

→ ______________ a haircut.

2 It is a sunny day.

→ ______________ a sunny day.

3 She sees a doctor.

→ ______________ a doctor.

4 I go jogging in the morning.

→ ______________ jogging in the morning.

D 우리말과 같은 뜻이 되도록 〈보기〉의 단어를 이용하여 문장을 완성하세요.

〈보기〉 make watch start call

1 간호사가 나중에 너를 부를 것이다.

→ The nurse ________ ________ you later.

2 나는 장난감을 만들 것이다.

→ I ________ ________ ________ ________ a toy.

3 1교시는 아홉 시에 시작할 것이다.

→ The first class ________ ________ at nine o'clock.

4 우리는 브로드웨이에서 뮤지컬을 볼 것이다.

→ We ________ ________ ________ ________ musicals on Broadway.

Vocabulary

C
haircut 이발
sunny 화창한
see a doctor 의사에게 진찰을 받다
go jogging 조깅하러 가다

D
nurse 간호사
later 나중에
class 수업
musical 뮤지컬

E 주어진 단어를 빈칸에 알맞은 형태로 쓰세요.

1 visit

I ________________ my uncle yesterday.

I ________________ my grandparents tomorrow.

2 have

The farmer ________________ five cows now.

He ________________ ten cows next year.

3 spend

We ________________ last summer in Spain.

We ________________ next summer in Greece.

F 다음 여행 일정표를 보고 빈칸에 알맞은 말을 쓰세요.

Family Trip to Australia

Date	Activities
12/16	meet at Incheon airport
12/17	go scuba diving at Marina beach
12/18	visit the koala zoo
12/19	go on a helicopter tour
12/20	come back to Korea

This winter vacation, my family will go to Australia.

1 On December 17, we ________ ________ scuba diving at Marina beach.

2 The next day, we ________ ________ ________ ________ the koala zoo.

3 On December 19, we ________ ________ ________ ________ on a helicopter tour.

4 We ________ ________ back to Korea on December 20.

Vocabulary

E

visit 방문하다
uncle 삼촌
grandparents 조부모님
famer 농부
cow 소
spend (시간을) 보내다

F

trip 여행
Australia 호주
activity 활동
airport 공항
scuba diving 스쿠버다이빙
helicopter 헬리콥터
tour 여행, 관광
winter vacation 겨울 방학

LEAP UP

A 다음 우리말과 같은 뜻이 되도록 ( ) 안의 말을 바르게 배열하세요.

1 그는 시험을 통과할 것이다. (pass / the test / he / will)

→ ______________________________

2 낸시는 열다섯 살이 될 것이다.
(Nancy / be / fifteen years old / will)

→ ______________________________

3 그들은 새 집을 지을 것이다.
(to / build / are / a new house / they / going)

→ ______________________________

4 나는 이메일을 보낼 것이다.
(going / am / to / send / I / an e-mail)

→ ______________________________

B 다음 문장에서 틀린 부분을 고쳐 문장을 다시 쓰세요.

1 I will called the police.

→ ______________________________

2 She's going taking a shower.

→ ______________________________

3 We are going to bought a present.

→ ______________________________

4 You will had a wonderful time in Hawaii.

→ ______________________________

Vocabulary

A
pass 통과하다
test 시험
build (건물을) 짓다
send 보내다

B
police 경찰
take a shower 샤워를 하다
present 선물
wonderful 멋진, 훌륭한

사라진 생선요리

누군가가 테이블 위에 있던 생선 요리를 먹어버렸어요.
그 자리에 있던 대한, 민국, 만세 삼 형제는 다음과 같이 말했어요.

이 중 두 사람은 진실을 말하고 있고, 한 사람은 거짓말을 하고 있어요.
누가 거짓말을 하고 있을까요? 또, 생선은 누가 먹은 걸까요?

정답: 대한이의 말이 거짓말일 경우, 민국이가 본 것도 거짓이 됩니다. 민국이가 거짓말을 했을 경우, 대한이가 한 말도 거짓이 되므로 이 경우도 불가능하네요. 결국 거짓말을 하는 사람은 만세이고, 대한이와 민국이는 진실을 말하고 있는 것이 됩니다. 따라서 생선은 대한이와 만세가 나누어 먹었네요.

UNIT 04 미래시제 2: 부정문과 의문문

다시 보기

지난 Unit에서 배운 내용을 다시 확인해 보세요.

★ **will**

The teacher **will** arrive soon. 선생님께서 곧 도착하실 것이다.

I'll get the phone. 내가 전화를 받을게.

★ **be going to**

I'm **going to** study English. 나는 영어를 공부할 것이다.

We **are going to** play basketball. 우리는 농구를 할 것이다.

미리 보기

만화를 통해 이번 Unit에서 배울 내용을 미리 살펴보세요.

부정문 만들기: 미래시제

A Life will be different in the future. 미래에는 생활이 달라질 것이다.
B We **will not** need cars. 우리는 자동차가 필요하지 않을 것이다.
C We will have flying shoes! 우리는 날아다니는 신발을 가지고 있을 것이다!

예문 맛보기
B에서 not의 위치를 확인해 봐.

1 will의 부정문은 will 뒤에 not을 붙여 「**주어+will not+동사원형 ….**」의 형태로 쓰고, '**…하지 않을 것이다**'라고 해석합니다. 이때 will not을 **won't**로 줄여 쓸 수 있습니다.

I **will** go to school. → I **will** (not) go to school.
나는 학교에 갈 것이다. 나는 학교에 가지 않을 것이다.

Examples

She **will not** stay at home. 그녀는 집에 머무르지 않을 것이다.
He **won't** write a letter. 그는 편지를 쓰지 않을 것이다.
It **won't** rain tomorrow. 내일 비가 오지 않을 것이다.

2 be going to의 부정문은 주어 뒤에 「**be동사+not+going to+동사원형**」의 형태를 쓰고, '**…하지 않을 것이다**'라고 해석합니다.

She **is going to** wear a red dress. → She **is** (not) **going to** wear a red dress.
그녀는 빨간 드레스를 입을 것이다. 그녀는 빨간 드레스를 입지 않을 것이다.

Examples

I **am not going to** buy a book. 나는 책을 사지 않을 것이다.
He **isn't going to** take a break. 그는 쉬지 않을 것이다.
They **aren't going to** play tennis. 그들은 테니스를 치지 않을 것이다.

기억나?!
「대명사 주어+be동사」 또는 「be동사+not」은 줄여 쓸 수 있어.
He's not going to run.
= He isn't going to run.
그는 뛰지 않을 것이다.

CHECK UP

다음 중 미래시제의 부정문에 ✓ 하세요.

1 It won't rain tomorrow. ☐
2 She is not traveling. ☐
3 I'm not going to ride my bike. ☐
4 Sam and Lisa didn't go shopping. ☐

WARM UP

A 다음 문장에서 not이 들어갈 위치에 ✓ 하세요.

1 I ① will ② sleep ③ all day.

2 I'm ① going ② to ③ go ④ to school.

3 He's ① going ② to ③ take a break.

4 She will ① buy ② three ③ pineapples.

5 John ① is ② going to ③ write a letter.

6 We ① are ② going ③ to ④ meet at the café.

7 She is ① going ② to ③ wear a red dress.

8 They will ① meet ② their cousins ③ on the weekend.

B 다음 문장의 밑줄 친 부분을 줄임형으로 쓰세요.

1 I <u>will not listen</u> to the radio. → ______________

2 It <u>is not going to rain</u> tomorrow. → ______________

3 She <u>will not stay</u> at home. → ______________

4 Luke <u>will not study</u> this Sunday. → ______________

5 He <u>is not going to buy</u> a book. → ______________

6 They <u>are not going to play</u> tennis. → ______________

Vocabulary

A
all day 하루 종일
take a break 휴식을 취하다
pineapple 파인애플
meet 만나다
cousin 사촌
weekend 주말

B
stay 머무르다

의문문 만들기: 미래시제

A Are you **going to** travel to China? 너 중국에 여행갈 거니?

B **Yes, I am.** 응, 그럴 거야.

C **Will** you visit the Great Wall? 너는 만리장성에 갈 거니?

D **No, I won't.** 아니, 가지 않을 거야.

예문 맛보기

will과 be going to를 이용한 의문문과 대답에 대해 알아보자.

1 will의 의문문은 「**Will+주어+동사원형 …?**」의 형태로 쓰고, '**…할 거니?**', '**…일까?**'라고 해석합니다. 이에 대한 대답은 「**Yes, 주어+will.**」, 「**No, 주어+won't.**」로 합니다.

He will study math. 그는 수학을 공부할 것이다.

Will he study math? 그는 수학을 공부할까?

Examples

A: **Will** it snow tomorrow? 내일 눈이 올까?
B: **Yes, it will.** 응, 올 거야. / **No, it won't.** 아니, 안 올 거야.

A: **Will** they buy a car? 그들은 차를 살까?
B: **Yes,** they **will.** 응, 살 거야. / **No,** they **won't.** 아니, 안 살 거야.

2 be going to의 의문문은 「**be동사+주어+going to+동사원형 …?**」의 형태로 쓰고, '**…할 거니?**', '**…할 예정이니?**'라고 해석합니다. 이에 대한 대답은 「**Yes, 주어+be동사.**」, 「**No, 주어+be동사+not.**」으로 합니다.

They are going to have dinner. 그들은 저녁을 먹을 예정이다.

Are they going to have dinner? 그들이 저녁을 먹을 예정이니?

Examples

A: **Are** you **going to** take a bus? 너 버스를 탈 거니?
B: **Yes, I am.** 응, 탈 거야. / B: **No, I'm not.** 아니, 안 탈 거야.

A: **Is** Paul **going to** move to Seoul? 폴이 서울로 이사를 갈까?
B: **Yes,** he **is.** 응, 그럴 거야. / **No,** he **isn't.** 아니, 안 갈 거야.

WARM UP

A 다음 중 미래시제의 의문문에 ✓ 하세요.

1 Are you at home? ☐

2 Will it snow tomorrow? ☐

3 Are they building a bridge? ☐

4 Is there a TV in your room? ☐

5 Will you borrow the book? ☐

6 Is Harry wearing a white shirt? ☐

7 Is he going to use the computer? ☐

B 다음 빈칸에 들어갈 말로 알맞은 것을 고르세요.

1 A: Will you go skiing this weekend?
B: Yes, I ________. ① am ② will

2 A: Are we going to drink coffee?
B: Yes, we ________. ① are ② aren't

3 A: Is James going to buy a new car?
B: No, he ________. ① isn't ② won't

4 A: Will the doctor work on Friday?
B: No, she ________. ① will ② won't

5 A: Are they going to take a bus?
B: No, they ________. ① won't ② aren't

Vocabulary

A
snow 눈이 오다
build 짓다
bridge 다리
white 흰, 흰색의

B
go skiing
스키 타러 가다
drink 마시다

STEP UP

A ( ) 안에서 알맞은 것을 고르세요.

1 Will your dog (bite / bites) me?

2 (Is / Will) it be sunny tomorrow?

3 I (will not / not will) play outside.

4 Is she (go / going) to go swimming?

5 (Is / Will) Bruce going to dance with you?

6 Are you going (invite / to invite) your friends?

7 They are (going not / not going) to go to the zoo.

B 다음 두 문장이 같은 뜻이 되도록 빈칸에 알맞은 말을 쓰세요.

1 Tony isn't going to study late tonight.

→ Tony ______________ study late tonight.

2 Will they go camping?

→ ________________________ go camping?

3 Are you going to do the laundry?

→ __________ you do the laundry?

4 I will not take piano lessons.

→ I ________________________ take piano lessons.

Vocabulary

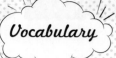

A
bite 물다
sunny 화창한
outside 밖에서
zoo 동물원

B
late 늦게
go camping 캠핑 가다
do the laundry 빨래를 하다
lesson 수업, 교습

C 우리말과 같은 뜻이 되도록 주어진 말을 이용하여 문장을 완성하세요.

1 그 아이는 울지 않을 것이다. (cry)

→ The child ________ ________.

2 너는 내일 일찍 일어날 거니? (get up)

→ ________ you ________ ________ early tomorrow?

3 너는 저녁을 요리할 거니? (cook)

→ ________ you ________ ________ ________ dinner?

4 나는 노래를 부르지 않을 것이다. (sing)

→ I ________ ________ ________ ________ ________.

D 다음 표를 보고 빈칸에 알맞은 말을 쓰세요.

Amy's To-Do List	• go shopping • buy new shoes • send an e-mail to Victoria

Are you going to go shopping?

1 ________, ________ ________.

Will you buy a new camera?

2 ________, ________ ________.

Will you send an e-mail to Victoria?

3 ________, ________ ________.

Vocabulary

C
cry 울다
get up 일어나다
early 일찍
cook 요리하다

D
to-do list
해야 할 일을 적은 목록
go shopping
쇼핑 가다
send 보내다

E

다음 그림을 보고 주어진 단어와 미래시제를 이용하여 빈칸에 알맞은 말을 쓰세요.

1

take

Julia ______________________
a plane.

2

wear

She ______________________
a black dress.

3

watch

He ______________________
the scary movie.

4

eat

I ______________________
any chocolate.

F

다음 문장에서 틀린 부분을 찾아 바르게 고쳐 쓰세요.

1 The team willn't win the race.

2 Are you going study Chinese?

3 Will Tom is 14 years old next year?

4 My brother is going to not clean his room.

Vocabulary

E
plane 비행기
scary 무서운

F
team 팀
win 이기다
race 경주, 시합
Chinese 중국어

LEAP UP

A 다음 문장을 ( ) 안의 지시대로 바꿔 쓰세요.

1 They will travel to India. (의문문)

→ ______________________________

2 I'm going to draw a rainbow. (부정문)

→ ______________________________

3 Adam will open a grocery store. (부정문)

→ ______________________________

4 We are going to make Christmas cards. (의문문)

→ ______________________________

B 다음 우리말과 같은 뜻이 되도록 ( ) 안의 말을 바르게 배열하세요.

1 내 고양이가 돌아올까? (my cat / come back / will)

→ ______________________________

2 나는 거짓말을 하지 않을 것이다. (tell lies / will / I / not)

→ ______________________________

3 파커는 일찍 출발할 예정이니?
(Parker / leave / is / to / soon / going)

→ ______________________________

4 그는 세차를 하지 않을 것이다.
(wash / is / he / to / going / not / his car)

→ ______________________________

Vocabulary

A
India 인도
draw 그리다
rainbow 무지개
open 열다, 개업하다
grocery store
식료품점, 슈퍼마켓

B
tell a lie 거짓말하다
leave 떠나다, 출발하다
soon 곧

UNIT 03~04 REVIEW TEST

1 빈칸에 들어갈 말로 알맞은 것을 고르세요.

Kelly __________ the world next year.

① travel
② travelled
③ will travel
④ travelling

[2-3] 빈칸에 공통으로 들어갈 말을 고르세요.

2

• I am __________ work in Africa.
• Are you __________ go there?

① will
② won't
③ going to
④ be going to

3

• I will not __________ late again.
• The test will __________ difficult.

① am
② is
③ be
④ are

4 다음 질문에 대한 대답으로 알맞은 것을 고르세요.

A: Will you wear a red scarf?
B: ______________.

① Yes, I do.
② Yes, I am.
③ No, I wasn't.
④ No, I won't.

5 다음 문장을 의문문으로 바르게 바꾼 것을 고르세요.

He is going to be a teacher.

① Isn't he a teacher?
② Is he going to be a teacher?
③ Does he going to be a teacher?
④ Will he is going to be a teacher?

[6-7] 다음 중 <u>틀린</u> 문장을 고르세요.

6
① They aren't going to go out.
② He's going not to bring the book.
③ I'm not going to do the dishes.
④ She's not going to go to the bookstore.

7
① Will he tell the secret?
② Will she wash the car?
③ Will it rained in the afternoon?
④ Will you take the cooking class?

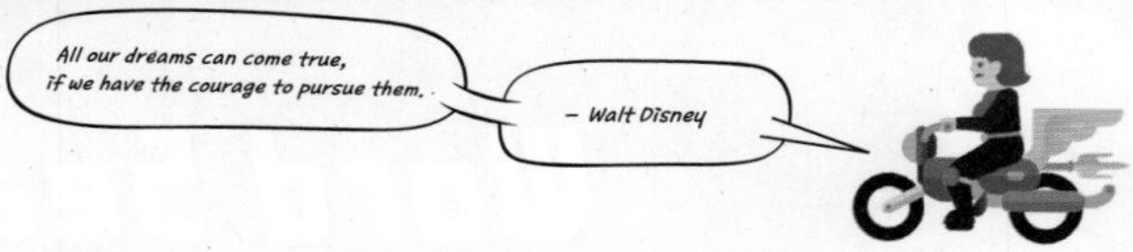
All our dreams can come true,
if we have the courage to pursue them.
- Walt Disney

8 다음 문장에서 틀린 부분을 찾아 바르게 고쳐 쓰세요.

I won't takes a bus.

_______ → _______

9 빈칸에 알맞은 말을 쓰세요.

A: Are they going to plant some trees?
B: Yes, _______ _______.

[10-11] 다음 문장을 ( ) 안의 지시대로 바꿔 쓰세요.

10

Fiona will get married to Shrek. (부정문)

→ _______________

11

Iron Man is going to buy a new suit. (의문문)

→ _______________

12 다음 중 올바른 문장을 고르세요.

① He'll to learn French.
② I going to buy a blouse.
③ I'll go to the hospital.
④ I will going to borrow some money.

13 다음 우리말을 영어로 바르게 옮긴 것을 고르세요.

우리는 설악산을 등반하지 않을 것이다.

① We are going to climb Mt. Seorak.
② We won't going to climb Mt. Seorak.
③ We aren't going to climb Mt. Seorak.
④ We are going to not climb Mt. Seorak.

14 다음 세라의 스케줄을 보고 〈보기〉와 같이 빈칸을 완성하세요.

Day	To-Do List
Monday	play tennis
Thursday	go to the beach

〈보기〉 On Monday, Sarah will play tennis.

On Thursday, she _______________.

Word Search

다음 단어의 뜻을 적어보고, 아래에서 찾아보세요.

use ____________ send ____________ travel ____________

stay ____________ invite ____________ bridge ____________

S	S	H	W	D	R	X	S	R	S
J	N	Q	F	T	C	H	M	W	U
Z	B	T	R	A	V	E	L	U	E
D	R	O	Z	S	Y	R	V	T	N
G	I	T	X	A	L	D	I	C	E
P	D	U	T	P	Z	V	R	U	X
U	G	S	X	P	N	J	U	S	E
H	E	K	C	I	A	A	G	B	A
R	G	Z	S	E	S	Q	H	N	I
C	O	U	Z	X	X	S	E	N	D

정답

use 사용하다 send 보내다
travel 여행하다, 여행 stay 머무르다
invite 초대하다 bridge 다리

S	S	H	W	D	R	X	S	R	S
J	N	Q	F	T	C	H	M	W	U
Z	B	T	R	A	V	E	L	U	E
D	R	O	Z	S	Y	R	V	T	N
G	I	T	X	A	L	D	I	C	E
P	D	U	T	P	Z	V	R	U	X
U	G	S	X	P	N	J	U	S	E
H	E	K	C	I	A	A	G	B	A
R	G	Z	S	E	S	Q	H	N	I
C	O	U	Z	X	X	S	E	N	D

UNIT 05 의문사

다시 보기

지난 Unit에서 배운 내용을 다시 확인해 보세요.

★ 미래시제의 부정문

She **will not[won't]** stay at home. 그녀는 집에 머무르지 않을 것이다.

He **is not going to** buy a book. 그는 책을 사지 않을 것이다.

★ 미래시제의 의문문

A: **Will** it snow tomorrow? 내일 눈이 올까?

B: **Yes, it will.** 응, 올 거야. / **No, it won't.** 아니, 안 올 거야.

A: **Are** you **going to** take a bus? 너 버스를 탈 거니?

B: **Yes, I am.** 응, 탈 거야. / **No, I'm not.** 아니, 안 탈 거야.

미리 보기

만화를 통해 이번 Unit에서 배울 내용을 미리 살펴보세요.

의문사 1

A **When** is the summer vacation? 여름 방학이 언제니?

B It starts next week. 다음 주에 시작해요.

C **What** do you want to do? 너는 무엇을 하고 싶니?

D I want to get up late! 전 늦게 일어나고 싶어요!

예문 맛보기

A, C의 When과 What은 의문사라고 해. 의문사는 어떤 의미를 가지고 있을까?

1 **의문사**는 누가, 언제, 어디서, 어떻게 등을 물어보는 말입니다. 의문사에는 다음과 같은 것들이 있습니다.

who 누구	when 언제	where 어디(에)	why 왜	what 무엇	how 어떻게, 얼마나

2 동사가 **be동사**일 때, 의문사를 사용한 의문문은 「**의문사+be동사+주어 …?**」의 형태로 씁니다.

What (의문사) **is** (be동사) **your name?** (주어) 너의 이름은 무엇이니?

Examples

Where *are* you from? 너는 어디에서 왔니?

How *is* she now? 그녀는 이제 좀 어떠니?

Who *is* the girl over there? 저기에 있는 저 소녀는 누구니?

3 동사가 **일반동사**일 때, 의문사를 사용한 의문문은 「**의문사+do[does/did]+주어+동사원형 …?**」의 형태로 씁니다.

Who (의문사) **do** (do) **you** (주어) **like?** (동사원형) 너는 누구를 좋아하니?

Examples

Why *do* you *look* so sad? 너는 왜 그렇게 슬퍼 보이니?

What *does* he *say*? 그가 뭐라고 말하니?

When *did* you *have* breakfast? 너는 언제 아침을 먹었니?

BUDDY'S TIPS

의문사를 사용한 의문문에는 대답을 구체적으로 해야 해.

A: When do you wake up? 너는 언제 일어나니?

B: At seven o'clock. 7시에.

CHECK UP

다음 중 의문사에 O 하세요.

do	who	are	will	how
was	can	why	did	what

WARM UP

A 다음 의문사의 뜻을 쓰세요.

1 who ____________

2 where ____________

3 when ____________

4 why ____________

5 how ____________

6 what ____________

B 다음 중 의문사로 시작하는 의문문에 ✓ 하세요.

1 How are you? ☐

2 Are you hungry? ☐

3 Where do you go? ☐

4 What are you doing? ☐

5 Who is your best friend? ☐

6 Does she have breakfast? ☐

7 Was the sandwich delicious? ☐

8 Did you exercise last night? ☐

9 When did you meet Emma? ☐

Vocabulary

B
hungry 배고픈
best friend 가장 친한 친구
delicious 맛있는
exercise 운동하다

의문사 2

A **What kind** of chicken do you want? 어떤 종류의 치킨을 원하세요?

B I want fried chicken. **How long** does it take?
저는 후라이드 치킨을 원해요. 얼마나 걸리나요?

C It takes about ten minutes. 십 분 정도 걸립니다.

예문 맛보기

A의 kind와 B의 long처럼 의문사 뒤에 명사 또는 형용사·부사가 붙으면 어떤 뜻이 될까?

1 의문사 what 뒤에 명사를 붙인 「**what＋명사**」는 **'무슨/어떤 …'**이라는 뜻입니다.

what	what＋명사
What is this? 이것은 무엇이니?	**What color** is this? 이것은 무슨 색이니?

Examples

What *colors* do you like? 너는 무슨 색을 좋아하니?
What *classes* do you take? 너는 어떤 수업을 듣니?

2 의문사 how 뒤에 형용사나 부사를 붙인 「**how＋형용사/부사**」는 **'얼마나 …한/하게'**라는 뜻입니다.

how	how＋형용사/부사
How did you fix the bicycle? 너는 그 자전거를 어떻게 고쳤니?	**How fast** is the car? 그 차는 얼마나 빠르니?

Examples

How *old* is he? 그는 몇 살이니?
How *often* do you talk to your parents? 너는 부모님과 얼마나 자주 대화하니?

3 「**How many/much(＋명사) …?**」는 수나 양을 묻는 표현입니다. 수를 물을 때는 many, 양을 물을 때는 much를 사용합니다. many나 much 뒤에 명사를 쓰면 그 명사의 구체적인 수나 양을 묻는 표현이 됩니다.

Examples

How many are there in the world? 이 세상에는 몇 명이 있을까?
How much is it? 그것은 얼마인가요?

How many *kids* does she have? 그녀는 몇 명의 아이들이 있니?
How much *time* do you need? 너는 얼마나 많은 시간이 필요하니?

BUDDY'S TIPS

「How much is/are …?」는 주로 가격을 묻는 표현으로 사용돼!
How much is the ticket?
그 티켓은 얼마니?

WARM UP

A 다음 빈칸에 what이나 how 중 알맞은 것을 쓰세요.

1 __________ big are hippos?

2 __________ far is your home?

3 __________ colors do you like?

4 __________ fast are cheetahs?

5 __________ time does the class begin?

6 __________ much water is in the cup?

7 __________ kind of music do you like?

B 다음 우리말과 일치하는 문장을 고르세요.

1 그는 얼마나 키가 크니?
a How tall is he?
b How he is tall?

2 너는 어떤 수업을 듣니?
a What do you take classes?
b What classes do you take?

3 빨대가 몇 개 있니?
a How many straws are there?
b How much straws are there?

4 그 휴대 전화는 얼마니?
a How many is the cell phone?
b How much is the cell phone?

Vocabulary

A
hippo 하마
far 떨어져, 멀리
color 색, 색깔
cheetah 치타
class 수업
begin 시작하다
kind 친절한; *종류

B
straw 빨대
cell phone 휴대 전화

STEP UP

A ( ) 안에서 알맞은 것을 고르세요.

1 (Where is / Is where) the eraser?

2 (How / What) old is your father?

3 Why (she gets / does she get) so sleepy?

4 (What sports do / What do sports) you like?

5 When (did you come / you came) home yesterday?

B 빈칸에 들어갈 알맞은 질문을 골라 그 기호를 쓰세요.

ⓐ How tall are you?	ⓑ What does he study?
ⓒ Where is she?	ⓓ When does the movie start?

1

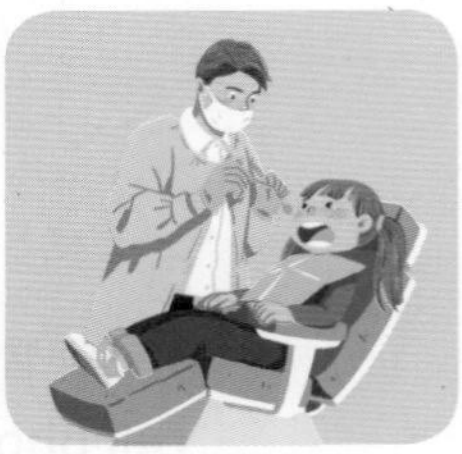

A: ____________________

B: She is at the dentist's.

2

A: ____________________

B: He studies Spanish.

3

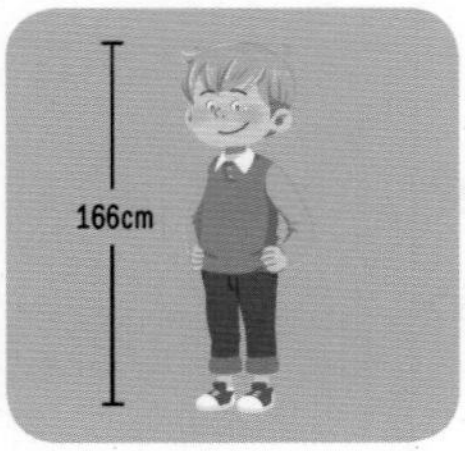

A: ____________________

B: I'm 166 cm tall.

4

A: ____________________

B: It starts at 8 p.m.

Vocabulary

A

eraser 지우개

sleepy 졸음이 오는

sport 운동, 스포츠

B

movie 영화

the dentist's 치과

Spanish 스페인어

C 다음 우리말과 같은 뜻이 되도록 빈칸에 알맞은 말을 쓰세요.

1 우체국이 어디에 있니?

→ ____________ is the post office?

2 얼마나 많은 학생들이 있니?

→ ____________ many students are there?

3 너는 어젯밤에 언제 자러 갔니?

→ ____________ did you go to bed last night?

4 너는 왜 어제 결석했니?

→ ____________ were you absent yesterday?

D 빈칸에 알맞은 말을 써서 밑줄 친 부분을 묻는 의문문을 완성하세요.

1 A: ____________ did you order?

B: I ordered orange juice.

2 A: ____________ is Steve?

B: Steve is in Singapore.

3 A: ____________ does the shop open?

B: The shop opens at 9 a.m.

4 A: ____________ is your favorite actor?

B: My favorite actor is Tom Cruise.

Vocabulary

C
post office 우체국
go to bed 자러 가다
absent 결석한

D
order 주문하다
shop 가게, 상점
favorite 매우 좋아하는
actor 배우

E 다음 그림을 보고 주어진 단어를 이용하여 문장을 완성하세요.

1 A: __________ of animal is your pet? (kind)
B: It's a pig.

2 A: __________ is it? (heavy)
B: It's 3 kg.

3 A: __________ is it? (smart)
B: It's very smart!

4 A: __________ is it? (color)
B: It is black and white.

F 다음 문장에서 틀린 부분을 찾아 바르게 고쳐 쓰세요.

1 Where do Patrick live?

2 What color your hair is?

3 Why you are upset?

4 When does the teacher comes?

5 How much legs do spiders have?

Vocabulary

E
animal 동물
pet 애완동물
heavy 무거운
smart 똑똑한, 영리한

F
upset 속상한
leg 다리
spider 거미

LEAP UP

A 다음 우리말과 같은 뜻이 되도록 (   ) 안의 말을 바르게 배열하세요.

1 고래는 얼마나 크니? (whales / how / are / big)

→ ______________________________

2 너는 어떤 과목을 좋아하니? (subjects / what / like / do / you)

→ ______________________________

3 그는 어떤 꽃들을 심었니? (did / flowers / plant / what / he)

→ ______________________________

4 병에 물이 얼마나 많이 들어있니?
(much / is / how / water / in the bottle)

→ ______________________________

B 주어진 말을 이용하여 우리말에 맞게 영작하세요.

1 그들은 왜 바쁘니? (they, busy)

→ ______________________________

2 너의 취미는 무엇이니? (your hobbies)

→ ______________________________

3 그 신발은 얼마니? (the shoes)

→ ______________________________

4 너는 그 열쇠를 어디에서 찾았니? (you, find, the key)

→ ______________________________

Vocabulary

A
whale 고래
subject 과목
plant
(나무 등을) 심다
bottle 병

B
busy 바쁜
hobby 취미
find 찾다

커다란 피라미드 돌을 어떻게 옮겼을까?

이집트의 거대한 피라미드는 약 2톤짜리 바위들을 쌓아 올린 것이라고 합니다. 그런데 기계가 없던 옛날에 커다란 석회암 덩어리들을 어떻게 운반했을까요?

이것에 대한 힌트를 네덜란드의 한 연구진이 이집트 고대 벽화에서 찾았어요! 거대한 썰매에 동상을 실어 운반하는 모습이 벽화에 그려져 있었던 것입니다. 이집트인들은 무거운 석회암과 동상을 옮길 때 썰매를 이용했던 것이죠!

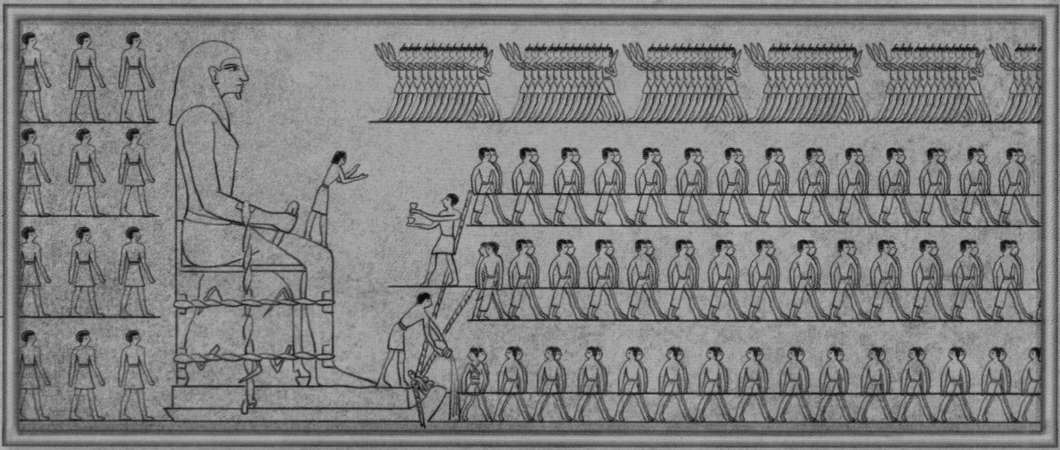

푹푹 꺼지는 모래 사막에서 어떻게 무거운 썰매를 끌었을까요? 연구진은 벽화에서 썰매 앞에서 땅에 물을 뿌리고 있는 사람을 발견했어요! 모래에 물을 충분히 적셔주면 그만큼 땅이 단단해져 무거운 썰매를 끌 때 쉽게 끌 수 있었던 것이죠!

UNIT 06

비교급과 최상급

다시 보기

지난 Unit에서 배운 내용을 다시 확인해 보세요.

★ 의문사 1

Who is the girl over there? 저기에 있는 저 소녀는 누구니?
Where are you from? 너는 어디에서 왔니?
How is she now? 그녀는 이제 좀 어떠니?
Why do you look so sad? 너는 왜 그렇게 슬퍼 보이니?
What does he say? 그가 뭐라고 말하니?
When did you have breakfast? 너는 언제 아침을 먹었니?

★ 의문사 2

What colors do you like? 너는 무슨 색을 좋아하니?
How old is he? 그는 몇 살이니?
How many kids does she have? 그녀는 몇 명의 아이들이 있니?
How much time do you need? 너는 얼마나 많은 시간이 필요하니?

미리 보기

만화를 통해 이번 Unit에서 배울 내용을 미리 살펴보세요.

비교급과 최상급의 형태

A This shirt is big on me. 이 셔츠는 저에게 크네요.
B Do you have a **smaller** one? 더 작은 것 있나요?
C Here you are. This is the **smallest**. 여기 있습니다. 이게 가장 작아요.
D Oh, I'll take it. 오, 그걸로 주세요.

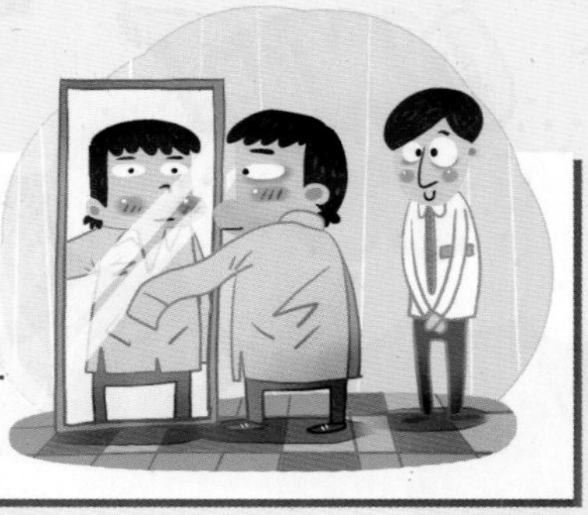

예문 맛보기

B, C의 smaller와 smallest는 small과 어떤 차이가 있을까?

1 형용사와 부사의 기본 형태를 **원급**이라고 합니다. **비교급**은 두 대상을 비교할 때 사용하는 형용사/부사의 형태로 '**더 …한/하게**'라고 해석합니다. **최상급**은 셋 이상의 대상 가운데 으뜸이 되는 것을 나타낼 때 사용하는 형태로, '**가장 …한/하게**'라고 해석합니다.

원급	비교급	최상급
small 작은	smaller 더 작은	smallest 가장 작은

2 비교급과 최상급을 만들 때는 다음과 같은 규칙을 따릅니다.
- 비교급: 「원급+-er」 또는 「more+원급」
- 최상급: 「원급+-est」 또는 「most+원급」

단어의 형태	비교급	최상급	Examples
대부분의 단어	원급+-er	원급+-est	old - old**er** - old**est** fast - fast**er** - fast**est**
-e로 끝나는 단어	원급+-r	원급+-st	nice - nice**r** - nice**st** wise - wise**r** - wise**st**
「단모음+단자음」으로 끝나는 단어	마지막 자음을 한 번 더 쓰고 +-er	마지막 자음을 한 번 더 쓰고 +-est	hot - ho**tter** - ho**ttest** big - bi**gger** - bi**ggest**
「자음+y」로 끝나는 단어	y를 i로 바꾸고+-er	y를 i로 바꾸고+-est	easy - eas**ier** - eas**iest** happy - happ**ier** - happ**iest**
3음절 이상의 긴 단어	more+원급	most+원급	careful - **more** careful - **most** careful
불규칙 변화형	little - **less** - **least** many[much] - **more** - **most**		good[well] - **better** - **best** bad - **worse** - **worst**

WARM UP

A 다음 단어와 우리말을 바르게 연결하세요.

1 bigger •	• a 더 나쁜
2 biggest •	• b 가장 어린
3 worse •	• c 가장 큰
4 worst •	• d 더 어린
5 younger •	• e 가장 나쁜
6 youngest •	• f 더 큰

B 다음 표를 보고 빈칸에 알맞은 말을 쓰세요.

원급	비교급	최상급
hot	1	hottest
old	older	2
easy	easier	3
fast	4	fastest
careful	more careful	5
happy	6	happiest
many	more	7
little	8	least

Vocabulary

B
hot 뜨거운
careful 조심하는

원급 • 비교급 • 최상급 비교

A Look! The stars are beautiful. 봐! 별들이 아름다워.

B Am I **as beautiful as** the stars? 나도 저 별들만큼 아름답니?

C You are **more beautiful than** the stars! 네가 별보다 더 아름다워!

예문 맛보기

B의 as … as와 C의 more … than은 어떻게 해석할까?

1 **원급 비교**는 「**as+형용사/부사의 원급+as+비교대상**」의 형태로 쓰며, '**…만큼 ~한/하게**'라고 해석합니다.

Examples

Jack is **as tall as** Linda. 잭은 린다만큼 키가 크다.

He walks **as slowly as** you. 그는 너만큼 천천히 걷는다.

Alice is **as pretty as** a doll. 앨리스는 인형만큼 예쁘다.

2 **비교급 비교**는 「**형용사/부사의 비교급+than+비교대상**」의 형태로 쓰며, '**…보다 더 ~한/하게**'라고 해석합니다.

Examples

I can run **faster than** Usain. 나는 우사인보다 더 빨리 달릴 수 있다.

George is **taller than** me. 조지는 나보다 키가 더 크다.

Math is **more difficult than** English. 수학이 영어보다 더 어렵다.

BUDDY'S TIPS

'나보다'라고 할 때는 than I와 than me 둘 다 쓸 수 있어.

3 **최상급 비교**는 「**the+형용사/부사의 최상급**」의 형태로 쓰며, '**가장 …한/하게**'라고 해석합니다. 뒤에 「**in+비교범위**」나 「**of+비교대상**」을 써서 '**…에서**', '**…중에서**'라는 의미를 나타낼 수 있습니다.

Examples

This is **the lightest** box. 이것이 가장 가벼운 상자이다.

He is **the richest** man *in our town*. 그는 우리 마을에서 가장 부유한 사람이다.

Ann is wearing **the most expensive** dress. 앤이 가장 비싼 드레스를 입고 있다.

CHECK UP

다음 문장과 우리말을 바르게 연결하세요.

1 This is as heavy as the bag. • • a 이것이 가장 무거운 가방이다.

2 This is the heaviest bag. • • b 이것은 그 가방보다 더 무겁다.

3 This is heavier than the bag. • • c 이것은 그 가방만큼 무겁다.

WARM UP

A 다음 빈칸에 들어갈 말로 알맞은 것을 고르세요.

1 Dave is as _____ as Jack. ① tall ② taller

2 Lucy's car is the _____ of all. ① newer ② newest

3 I studied as _____ as you. ① hard ② hardest

4 My father is _____ than me. ① heavy ② heavier

5 It is the _____ box of the three. ① larger ② largest

B 다음 그림과 일치하는 문장을 고르세요.

1

a The soccer ball is the biggest.

b The soccer ball is as big as the baseball.

2
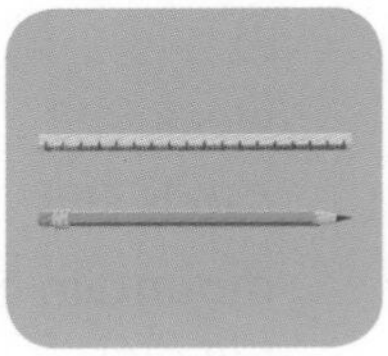

a The pencil is as long as the ruler.

b The pencil is longer than the ruler.

3

a The camera is as cheap as the computer.

b The camera is cheaper than the computer.

4

a The history book is as thick as the math book.

b The history book is thicker than the math book.

Vocabulary

A

new 새로운
study 공부하다
hard 열심히

B

ruler 자
cheap 싼, 저렴한
history 역사
thick 두꺼운
math 수학

STEP UP

A 주어진 단어의 비교급과 최상급을 쓰세요.

	원급	비교급	최상급
1	long	________	________
2	good	________	________
3	light	________	________
4	nice	________	________
5	thin	________	________
6	wise	________	________
7	interesting	________	________

B ( ) 안에서 알맞은 것을 고르세요.

1 Mario runs the (faster / fastest).

2 My little sister is (weaker / weakest) than me.

3 I caught (many / more) fish than my father.

4 This mountain is higher (as / than) that hill.

5 The bus stop is as (close / closer) as the bank.

6 Andy got a (badder / worse) grade than Jane.

7 It is the (more / most) beautiful place in Korea.

Vocabulary

A
light 가벼운
nice 좋은, 멋진
thin 얇은, 가는
wise 지혜로운
interesting 재미있는

B
weak 약한
catch 잡다
mountain 산
hill 언덕
bus stop 버스 정류장
grade 성적
close 가까운
place 장소

C 주어진 단어를 빈칸에 알맞은 형태로 쓰세요.

1 I drive as ______________ as you. (carefully)

2 He sings ______________ than the singer. (well)

3 Today is ______________ than yesterday. (cold)

4 Angelina was the ______________ actress in America. (popular)

D 다음 표를 보고 빈칸에 알맞은 말을 쓰세요.

Cars for Sale	Avanto	Timo

1 big	★★	★
2 safe	★★★	★★★
3 expensive	★★★★	★★
4 comfortable	★★★★★	★★★★

1 The Avanto is __________ __________ the Timo.

2 The Avanto is __________ __________ __________ the Timo.

3 The Avanto is __________ __________ __________ the Timo.

4 The Avanto is __________ __________ __________ the Timo.

Vocabulary

C
carefully 조심스럽게
cold 추운, 차가운
actress 여배우
popular 인기 있는

D
for sale 팔려고 내 놓은
safe 안전한
expensive 비싼
comfortable 편안한

E 다음 그림을 보고 〈보기〉의 단어를 이용하여 빈칸에 알맞은 말을 쓰세요.

1 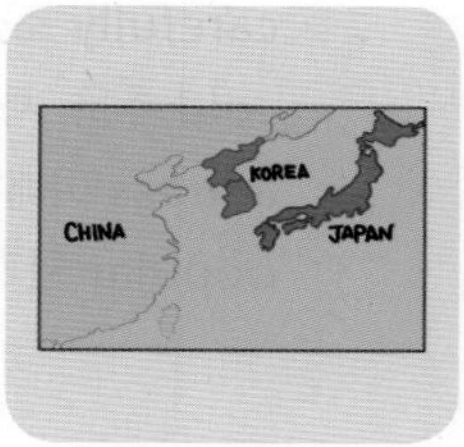

2 

3 

〈보기〉 short large early late

1 China is ________________ Japan.

2 Ann is ________________ in her family.

3 My mother wakes up ________________ my father.

F 다음 우리말과 같은 뜻이 되도록 주어진 말을 이용하여 문장을 완성하세요.

1 나는 너만큼 바쁘다. (busy)
→ I am ____________________.

2 너는 제인보다 더 예쁘다. (pretty, Jane)
→ You are ____________________.

3 건강이 삶에서 가장 중요한 것이다. (important thing)
→ Health is ____________________ in life.

4 제이슨은 세상에서 가장 훌륭한 음악가이다. (great musician)
→ Jason is ____________________ in the world.

Vocabulary

E
late 늦게, 늦은
wake up 일어나다

F
important 중요한
health 건강
life 삶, 인생
musician 음악가

LEAP UP

A 다음 문장에서 틀린 부분을 고쳐 문장을 다시 쓰세요.

1 Silvia is the goodest teacher.

→ ____________________

2 They are more younger than Julie.

→ ____________________

3 Her smile is as brighter as the sun.

→ ____________________

4 He was a kindest waiter in the restaurant.

→ ____________________

B 다음 우리말과 같은 뜻이 되도록 ( ) 안의 말을 바르게 배열하세요.

1 그 피자가 파스타보다 더 맛있었다.
(the pasta / the pizza / than / delicious / more / was)

→ ____________________

2 어떤 개들은 어린이들만큼 영리하다.
(as / children / are / as / some dogs / clever)

→ ____________________

3 빌 게이츠는 나보다 더 많은 돈을 가지고 있다.
(Bill Gates / money / has / me / than / more)

→ ____________________

4 그 문제는 시험에서 가장 어려웠다.
(the / was / difficult / most / the question / on the test)

→ ____________________

Vocabulary

A
bright 밝은
sun 해, 태양
kind 친절한
waiter 종업원, 웨이터

B
clever 영리한
difficult 어려운
question 문제
test 시험, 테스트

UNIT 05~06 REVIEW TEST

1 원급-비교급-최상급의 형태가 바르게 연결되지 <u>않은</u> 것을 고르세요.

① fat – fatter – fattest

② easy – easier – easiest

③ high – more high – most high

④ important – more important – most important

[2-3] 빈칸에 들어갈 말로 알맞은 것을 고르세요.

2

_________ is your birthday?

① Why

② Who

③ When

④ Where

3

This orange is as _________ as the strawberries.

① fresh

② bigger

③ smallest

④ more expensive

4 다음 우리말과 같은 뜻이 되도록 빈칸에 알맞은 말을 쓰세요.

너의 고양이들은 어디에 있니?

→ _________ _________ your cats?

5 다음 질문에 대한 대답으로 알맞은 것을 고르세요.

When did he leave Korea?

① Yes, he did.

② A week ago.

③ With his wife.

④ No, he wasn't.

6 〈보기〉와 같은 관계가 되도록 빈칸에 알맞은 말을 쓰세요.

〈보기〉 bad – worse – worst

(1) little – _________ – _________

(2) good – _________ – _________

7 빈칸에 알맞은 말을 쓰세요.

A: _________ tall is your sister?

B: She is 160 cm tall.

8 다음 문장에서 <u>틀린</u> 부분을 찾아 바르게 고쳐 쓰세요.

Juliet is prettiest woman in the world.

_________ → _________

All our dreams can come true,
if we have the courage to pursue them.
– Walt Disney

9 빈칸에 들어갈 말이 <u>다른</u> 하나를 고르세요.

① How ________ sisters does he have?

② How ________ money do you need?

③ How ________ cars are there on the road?

④ How ________ books did you read last year?

10 다음 중 올바른 문장을 고르세요.

① It is longest river in France.

② Sam walks as slowly as Mike.

③ She is more taller than her mother.

④ This puzzle is most difficult than that one.

11 빈칸에 들어갈 수 <u>없는</u> 것을 고르세요.

> Harry is the ________ man on his team.

① oldest

② younger

③ strongest

④ most famous

12 다음 중 <u>틀린</u> 문장을 고르세요.

① How is the weather?

② Who does she loves?

③ Who is in the restroom?

④ How did you know him?

13 빈칸에 공통으로 들어갈 말을 고르세요.

> • ________ did you have for dinner?
>
> • ________ animals do you like?

① Who ② Why

③ How ④ What

14 다음 우리말을 영어로 바르게 옮긴 것을 고르세요.

> 너는 왜 일찍 집에 갔니?

① Why went you home early?

② Why you went home early?

③ Why did you go home early?

④ Why were you go home early?

15 주어진 단어를 이용하여 문장을 완성하세요.

> 신데렐라는 그녀의 언니들보다 더 아름답다. (beautiful)

→ Cinderella is ________________ her sisters.

아마존에는 누가 살고 있을까?

토코 투칸

짠~ 내 크고 훌륭한 노란색 부리를 봐!
부리가 너무 커서 무거워 보인다고? 전혀 그렇지 않아!
사실, 내 부리는 공기주머니로 이루어져 있어서 무척 가벼워.
게다가 더울 땐 부리를 통해 몸 속 열기를
뿜어내기 때문에 체온을 조절할 수도 있어.

나무늘보

내가 세상에서 제일 게으른 동물이라고?
억울해! 나는 주로 소화시키기 어려운 나뭇잎을 먹는 데다가,
위가 아주 느리게 움직여서 소화하는 데 오래 걸려.
그래서 에너지를 최소한으로 쓰기 위해
느리게 움직이는 거라고!

안녕! 나는 분홍색 피부를 가진 강에 사는 돌고래야!
난 눈이 작지만 시력이 아주 좋고, 덩치는 커도
유연하기 때문에 아마존 강의 나무뿌리 등을 요리조리
피해 다닐 수 있어. 이곳으로 오면, 세계 5대 희귀
동물 중 하나인 나를 만날 수 있을 거야!

보토

UNIT 07 to부정사

다시 보기

지난 Unit에서 배운 내용을 다시 확인해 보세요.

★ 원급 비교

Jack is **as tall as** Linda. 잭은 린다만큼 키가 크다.

He walks **as slowly as** you. 그는 너만큼 천천히 걷는다.

★ 비교급 비교

George is **taller than** me. 조지는 나보다 키가 더 크다.

Math is **more difficult than** English. 수학이 영어보다 더 어렵다.

★ 최상급 비교

He is **the richest** man in our town. 그는 우리 마을에서 가장 부유한 사람이다.

Ann is wearing **the most expensive** dress. 앤이 가장 비싼 드레스를 입고 있다.

미리 보기

만화를 통해 이번 Unit에서 배울 내용을 미리 살펴보세요.

명사처럼 쓰는 to부정사

A I am hungry! 저 배고파요!

B Do you want **to have** some pancakes? 팬케이크를 좀 먹고 싶니?

C Yes, please! 네, 주세요!

D You need **to wash** your hands first. 너는 먼저 손을 씻을 필요가 있겠다.

예문 맛보기

B와 D의 to have, to wash처럼 동사 앞에 to를 붙이면 어떤 역할을 하게 될까?

1 우리말에서 '먹다'라는 동사를 '먹기', '먹을' 등의 명사나 형용사로 바꾸기도 하죠? 영어에서도 to부정사를 사용하여 동사를 다양하게 활용할 수 있습니다. to부정사는 「**to+동사원형**」의 형태로, 문장에서 명사, 형용사, 부사처럼 쓸 수 있습니다. 부정형은 「**not to+동사원형**」으로 씁니다.

eat → **to** *eat* / **not to** *eat*　　　play → **to** *play* / **not to** *play*

2 **명사처럼 쓰는 to부정사**: to부정사를 명사처럼 쓸 때는 문장에서 주어, 목적어, 보어의 역할을 할 수 있습니다.

(1) to부정사가 **주어 역할**을 할 때는 '**…하는 것은**'이라고 해석합니다.

To sing is fun. 노래하는 것은 즐겁다.
To win the game is my goal. 그 경기에서 이기는 것이 나의 목표이다.

(2) to부정사가 **목적어 역할**을 할 때는 '**…하는 것을**'이라고 해석합니다.

She doesn't like **to eat** alone. 그녀는 혼자 먹는 것을 좋아하지 않는다.
They promised **not to be** late. 그들은 늦지 않을 것을 약속했다.

(3) to부정사가 be동사 뒤에서 주어를 보충 설명하는 **보어 역할**을 할 때는 '**…하는 것이다**'라고 해석합니다.

My job is **to sell** the tickets. 나의 직업은 티켓을 판매하는 것이다.
Her dream is **to be** a reporter. 그녀의 꿈은 기자가 되는 것이다.

CHECK UP

to부정사의 형태가 올바른 것에 O, 틀린 것에 X 하세요.

1 to eats ________　　　3 to traveled ________

2 to talk ________　　　4 to help ________

WARM UP

A 다음 문장에서 to부정사에 밑줄을 그으세요.

1 To sing is fun.

2 The dog started to bark.

3 I want to sleep all day.

4 Tom always tries to be honest.

5 My hobby is to play the piano.

6 The plan for today is to study.

7 Emily decided to stay longer in Paris.

B 밑줄 친 to부정사의 의미로 알맞은 것을 골라 그 기호를 쓰세요.

ⓐ …하는 것은 ⓑ …하는 것을 ⓒ …하는 것이다

1 To be a cook is Cindy's goal. ______

2 My dream is to become a teacher. ______

3 Sarah's plan was to surprise Nick. ______

4 To write a novel is not easy. ______

5 Laura promised not to be late again. ______

6 It's raining! I forgot to close the window. ______

Vocabulary

A
bark (개가) 짖다
all day 하루 종일
try 노력하다
honest 정직한
plan 계획
decide 결정하다

B
goal 목표
surprise 놀라게 하다
novel 소설
promise 약속하다
forget 잊어버리다

형용사 · 부사처럼 쓰는 to부정사

A His job is **to fight** bad people.
그의 직업은 악당들과 싸우는 것이다.

B He uses webs **to climb** buildings.
그는 빌딩을 오르기 위해 거미줄을 이용한다.

예문 맛보기

A의 to fight과 B의 to climb의 뜻이 서로 어떻게 다른지 알아보자!

1

형용사처럼 쓰는 to부정사: to부정사는 명사나 대명사를 꾸며주는 형용사처럼 쓸 수 있습니다. 이때 to부정사는 명사, 대명사의 뒤에 위치하며, **'…할'**, **'…해야 할'**이라고 해석합니다.

It's time **to go.** 가야 할 시간이다.

Examples

I have a lot of work **to do.** 나는 할 일이 많다.
He has enough time **to sleep.** 그는 잘 시간이 충분하다.
She doesn't have any clothes **to wear.** 그녀는 입을 옷이 하나도 없다.
They have a plan **to go** skiing. 그들은 스키를 타러 갈 계획이 있다.

BUDDY'S TIPS

형용사는 원래 명사 앞에서 명사를 꾸며주지만, to부정사가 형용사 역할을 할 때는 명사 뒤에 위치해.

This is a blue *shirt*.
이것은 파란색 셔츠이다.
This is a *shirt* to wear today.
이것은 오늘 입을 셔츠이다.

2

부사처럼 쓰는 to부정사

(1) 부사처럼 쓰는 to부정사는 **'…하기 위해'**라는 **목적**의 의미를 나타냅니다. 부정형은 **'…하지 않기 위해'**라고 해석합니다.

I went to the bookstore **to buy** a book. 나는 책을 사기 위해 서점으로 갔다.
We tried hard **not to fail.** 우리는 실패하지 않기 위해 열심히 노력했다.

(2) 부사처럼 쓰는 to부정사는 특정 형용사 뒤에 쓰여서 **감정이나 태도의 원인**을 나타냅니다. **'…해서'**, **'…하게 되어'**라고 해석하며, 주로 함께 쓰이는 형용사로는 다음과 같은 것들이 있습니다.

glad 기쁜	happy 행복한	pleased 기쁜	sad 슬픈	sorry 아쉬운, 유감인	surprised 놀란

I'm glad **to hear** the news. 나는 그 소식을 들어서 기쁘다.
We were surprised **to see** the snake. 우리는 그 뱀을 봐서 놀랐다.

WARM UP

A 다음 문장에서 to부정사에 O 하고, 그것이 꾸며주는 말에 밑줄을 그으세요.

1 It's time to go.

2 We need books to read.

3 There are dishes to wash.

4 Susan has homework to do.

5 We want some bread to eat.

6 Do you have any clothes to wear?

B 다음 문장에서 밑줄 친 to부정사의 의미로 알맞은 것을 고르세요.

1 There is nothing to eat.
① 먹을 ② 먹기 위해

2 I'm pleased to help you.
① 도울 ② 돕게 되어서

3 Julie has a lot of work to do.
① 해야 할 ② 하기 위해

4 He saved money to buy a house.
① 사게 되어서 ② 사기 위해

5 He hurried not to miss the plane.
① 놓치지 않기 위해 ② 놓치지 않게 되어서

Vocabulary

A
homework 숙제
clothes 옷

B
nothing 아무것도
help 돕다
a lot of 많은
save 모으다, 저축하다
hurry 서두르다
miss 놓치다
plane 비행기

STEP UP

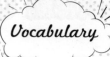

A ( ) 안에서 알맞은 것을 고르세요.

1 Peter Pan (enjoyed / to enjoy) his life.

2 Cathy stopped (look / to look) at the stars.

3 Sam (solved / to solve) the problem easily.

4 Ben waited for an hour (saw / to see) her.

5 I went to the post office (to post / post) a letter.

6 I want (buy / to buy) a present for my mom.

7 He was careful (to not fall / not to fall) over.

8 I have a lot of (homework to do / to do homework).

B 주어진 단어를 빈칸에 알맞은 형태로 쓰세요.

1 I promised ______________ here on time. (come)

2 She didn't have money ______________ the jewelry. (buy)

3 Nicole went to Hollywood ______________ a famous actor. (be)

4 Do you want ______________ some ice cream? (have)

5 Hannah went to the toilet ______________ her hands. (wash)

Vocabulary

A
solve 해결하다
problem 문제
easily 쉽게
post office 우체국
post 발송하다
present 선물
careful 조심하는
fall over 넘어지다

B
on time 제시간에
jewelry 보석
toilet 화장실

C 다음 문장에서 to가 들어갈 위치에 ✓ 하고, to부정사의 역할로 알맞은 것에 O 하세요.

1 He ① started ② run ③. (명사 / 부사)

2 I ① expect ② see ③ you soon. (명사 / 형용사)

3 I'm ① sorry ② hear ③ the news. (형용사 / 부사)

4 I ① met ② my sister ③ get the key. (명사 / 부사)

5 I ① found ② a person ③ help me. (형용사 / 부사)

D 다음 그림을 보고 〈보기〉의 단어를 이용하여 빈칸에 알맞은 말을 쓰세요.

〈보기〉 eat drink put decorate

Last Saturday, we had a party at my house.

1 Joan brought soda ________________.

2 Dan brought dishes ________________ on the table.

3 Nancy brought a pie ________________ for dessert.

4 Ann brought balloons ________________ the room.

Vocabulary

C
expect 기대하다
hear 듣다
find 찾다
person 사람

D
put 놓다, 두다
decorate 장식하다
bring 가져오다
soda 탄산음료
dessert 디저트
balloon 풍선

E 다음 우리말과 같은 뜻이 되도록 주어진 말을 이용하여 문장을 완성하세요.

1 마크는 자동차를 운전하는 것을 배웠다. (learn, drive)

→ Mark __________ __________ __________ a car.

2 나는 서울을 떠나게 되어 슬펐다. (sad, leave)

→ I was __________ __________ __________ Seoul.

3 그녀는 연습할 시간이 필요했다. (time, practice)

→ She needed __________ __________ __________.

4 나는 학교에 늦지 않기 위해 뛰었다. (run, be)

→ I __________ __________ __________ __________ late for school.

5 나의 꿈은 전 세계를 여행하는 것이다. (be, travel)

→ My dream __________ __________ __________ all around the world.

F 다음 문장에서 틀린 부분을 찾아 바르게 고쳐 쓰세요.

1 I am pleased see you here.

2 I jumped to reached the shelf.

3 Yuna's goal is be the champion.

4 Do you have anything say to?

5 He whispered to not wake up the baby.

Vocabulary

E

learn 배우다
leave 떠나다
practice 연습하다

F

reach …에 닿다
shelf 선반
champion 챔피언, 우승자
whisper 속삭이다
wake up 깨우다

LEAP UP

A 다음 문장을 우리말로 해석하세요.

1 My wish is to be with you.

→ ______________________________

2 It's time to do the laundry.

→ ______________________________

3 I wore a thick coat not to catch a cold.

→ ______________________________

4 She was surprised to see James at the party.

→ ______________________________

B 〈보기〉와 같이 주어진 말을 이용하여 문장을 완성하세요.

〈보기〉 (studied hard, pass the exam)
→ I studied hard to pass the exam.

1 (use a hairbrush, comb my hair)

→ I ______________________________.

2 (went shopping, buy new shoes)

→ I ______________________________.

3 (set the alarm, wake up early)

→ I ______________________________.

4 (took a bus, go to the market)

→ I ______________________________.

Vocabulary

A
wish 바람, 소망
do the laundry 빨래하다
thick 두꺼운
catch a cold 감기에 걸리다

B
pass 통과하다; *합격하다
exam 시험
hairbrush 빗
comb 빗다, 빗질하다
set an alarm 자명종을 맞추다
market 시장

재미있는 영어 표현

영어에는 "a doggy bag"이라는 표현이 있어요.
아래의 그림을 보고 무슨 뜻일지 생각해 보세요.

a doggy bag 남은 음식을 포장하는 용기

"a doggy bag"은 남은 음식을 포장하는 봉지나 용기를 가리켜요. 음식이 남아서 집으로 가져가고 싶을 때, 키우는 강아지에게 줄 것이라고 말하면서 이런 표현을 써요.

Example

A: There are a lot of leftovers! 음식이 많이 남았네!
B: We can get a doggy bag! 우리는 음식을 싸갈 수 있어!
A: Good idea! 좋은 생각이야!

UNIT 08 동명사

다시 보기

지난 Unit에서 배운 내용을 다시 확인해 보세요.

★ 명사처럼 쓰는 to부정사

To win the game is my goal. 그 경기에서 이기는 것이 나의 목표이다. (주어)

She doesn't like **to eat** alone. 그녀는 혼자 먹는 것을 좋아하지 않는다. (목적어)

Her dream is **to be** a reporter. 그녀의 꿈은 기자가 되는 것이다. (보어)

★ 형용사처럼 쓰는 to부정사

I have a lot of work **to do.** 나는 할 일이 많다.

★ 부사처럼 쓰는 to부정사

I went to the bookstore **to buy** a book. 나는 책을 사기 위해 서점으로 갔다.

I'm glad **to hear** the news. 나는 그 소식을 들어서 기쁘다.

미리 보기

만화를 통해 이번 Unit에서 배울 내용을 미리 살펴보세요.

동명사의 형태와 역할

A You must not lie to me. 너는 나에게 거짓말을 하면 안 돼.

B **Lying** is a bad habit. 거짓말하는 것은 나쁜 습관이란다.

C I'm sorry. I won't lie again. 죄송해요. 다시는 거짓말하지 않을게요.

예문 맛보기

B의 Lying은 동명사라고 해. 동명사는 문장에서 어떤 역할을 할 수 있을까?

1 **동명사**는 동사 뒤에 -ing를 붙여 **명사처럼 쓰는 것**입니다. 동명사는 「**동사원형-ing**」의 형태이며, '**…하는 것**', '**…하기**'라고 해석합니다. 부정형은 앞에 not을 붙인 「**not+동사원형-ing**」의 형태로, '**…하지 않는 것**'이라고 해석합니다. 동명사는 동사와 명사의 특징을 모두 가지고 있습니다.

study → stud**ying** / **not** stud**ying**
공부하다 공부하는 것 / 공부하지 않는 것

run → run**ning** / **not** run**ning**
달리다 달리는 것 / 달리지 않는 것

> **BUDDY'S TIPS**
> 동명사를 만드는 방법은 현재진행형에서 「동사원형-ing」를 만드는 방법과 똑같아!

2 동명사는 문장에서 주어, 목적어, 보어의 역할을 합니다.

(1) 동명사가 **주어** 역할을 할 때는 '**…하는 것은**'이라고 해석합니다.

Studying math is not easy. 수학을 공부하는 것은 쉽지 않다.

Riding a bicycle is good exercise. 자전거 타기는 좋은 운동이다.

(2) 동명사가 **목적어** 역할을 할 때는 '**…하는 것을**'이라고 해석합니다.

Harry avoids **eating** too much. 해리는 너무 많이 먹는 것을 피한다.

Olivia practiced **reading** aloud. 올리비아는 소리 내 읽는 것을 연습했다.

(3) 동명사가 be동사 뒤에서 주어를 보충 설명하는 **보어** 역할을 할 때는 '**…하는 것이다**'라고 해석합니다.

My hobby is **swimming**. 나의 취미는 수영하는 것이다.

His goal is **winning** the soccer game. 그의 목표는 축구 경기에서 이기는 것이다.

CHECK UP

다음 동사를 동명사로 바꿔 쓰세요.

1 eat ________

2 run ________

3 study ________

4 lie ________

5 wait ________

6 watch ________

WARM UP

A 다음 문장에서 동명사에 ○ 하세요.

1 Planning a trip is fun.

2 I like playing card games.

3 Training a dog is hard work.

4 My hobby is watching movies.

5 Olivia practiced reading aloud.

6 Planting trees is good for the earth.

7 Jennifer avoids eating chocolates.

8 His goal is winning the soccer game.

B 다음 〈보기〉와 같이 주어진 단어를 빈칸에 알맞은 형태로 쓰세요.

〈보기〉 Reading comic books is interesting. (read)

1 ______________ a horse is not easy. (ride)

2 ______________ with friends is fun. (shop)

3 ______________ a house costs a lot. (buy)

4 ______________ well is difficult for me. (sing)

5 ______________ your best is very important. (try)

Vocabulary

A

plan 계획하다
trip 여행
train 훈련시키다
hard 어려운, 힘든
practice 연습하다
aloud 소리 내, 큰 소리로
plant (나무 등을) 심다
earth 지구
win 이기다

B

interesting 재미있는
shop 쇼핑하다
cost 비용이 들다
difficult 어려운
try one's best 최선을 다하다
important 중요한

목적어로 쓰이는 동명사와 to부정사

A Mina **enjoys dancing.**
민아는 춤추는 것을 즐긴다.

B She **wants to be** a famous dancer.
그녀는 유명한 댄서가 되기를 원한다.

예문 맛보기

동사에 따라 목적어로 동명사를 쓸지, to부정사를 쓸지가 달라져.

1 **동명사를 목적어로 쓰는 동사**로는 다음과 같은 것들이 있습니다.

enjoy	finish	keep	mind	avoid	practice	give up

Examples

Do you **enjoy hiking?** 너는 등산 가는 것을 즐기니?

Nancy **finished reading** the book. 낸시는 책을 읽는 것을 끝냈다.

2 **to부정사를 목적어로 쓰는 동사**로는 다음과 같은 것들이 있습니다.

want	need	decide	plan	hope	choose	promise

Examples

I **want to play** outside. 나는 밖에서 놀기를 원한다.

You **need to be** careful. 너는 조심할 필요가 있다.

3 **동명사와 to부정사 모두를 목적어로 쓰는 동사**로는 다음과 같은 것들이 있습니다.

start	begin	like	love	hate

Examples

She **likes looking** at the stars. / She **likes to look** at the stars. 그녀는 별을 보는 것을 좋아한다.

We **began having** dinner. / We **began to have** dinner. 우리는 저녁을 먹기 시작했다.

PLUS 동명사를 이용한 표현

「go+동명사」 …하러 가다

「How[What] about+동명사 …?」 …하는 게 어때?

We will **go jogging.** 우리는 조깅하러 갈 것이다.

How about writing a letter? 편지를 쓰는 게 어때?

「feel like+동명사」 …하고 싶다

「be동사+busy+동명사」 …하느라 바쁘다

I feel like eating pizza. 나는 피자가 먹고 싶다.

Henry **is busy working.** 헨리는 일하느라 바쁘다.

WARM UP

A 다음 우리말을 바르게 표현한 것을 모두 고르세요.

1 갈 것을 계획하다
a plan going
b plan to go

2 읽는 것을 끝내다
a finish reading
b finish to read

3 뛰는 것을 시작하다
a start running
b start to run

4 이기는 것을 포기하다
a give up winning
b give up to win

B 다음 빈칸에 들어갈 말로 알맞은 것을 고르세요.

1 We need ____________ the dishes.
① to wash ② washing

2 I feel like ____________ home.
① to go ② going

3 I don't mind ____________ him.
① to invite ② inviting

4 Susan decided ____________ the secret.
① to tell ② telling

5 She enjoys ____________ new people.
① to meet ② meeting

Vocabulary

A
finish 끝내다
give up 포기하다

B
need 필요로 하다
mind 꺼리다
invite 초대하다
decide 결정하다
secret 비밀
enjoy 즐기다

STEP UP

A ( ) 안에서 알맞은 것을 고르세요.

1 He likes (be / to be) alone.

2 (Say / Saying) sorry is hard.

3 (Baking / Bakeing) cakes is easy.

4 How about (to listen / listening) to the radio?

5 My family enjoys (playing / to play) card games.

6 She hoped (to be / being) friends with Jim.

B 다음 그림을 보고 주어진 단어를 이용하여 빈칸에 알맞은 말을 쓰세요.

1

move

He planned ____________ to a new city.

2

cook

Olivia was busy ____________ dinner.

3

fix

Sam promised __________ my car.

4

play

I avoid ____________ computer games too much.

Vocabulary

A
alone 혼자, 홀로
say 말하다
bake (음식을) 굽다
hope 바라다

B
move 이사하다
cook 요리하다
fix 고치다
promise 약속하다
avoid 피하다

C 주어진 단어를 빈칸에 알맞은 형태로 쓰세요.

1 bite Bill often ______________ his nails.

Bill's bad habit is ______________ his nails.

2 feed I ______________ the animals at the zoo.

My job is ______________ the animals at the zoo.

3 play Jack ______________ basketball every day.

Jack's hobby is ______________ basketball.

D 다음 우리말과 같은 뜻이 되도록 〈보기〉와 주어진 말을 이용하여 문장을 완성하세요.

〈보기〉 hate	practice	keep	want

1 그는 영어로 말하는 것을 연습한다. (speak)

→ He ____________________ in English.

2 우리는 그 배우를 보기 위해 계속 기다렸다. (wait)

→ We ____________________ to see the actor.

3 점심으로 뭘 먹기를 원하니? (have)

→ What do you ____________________ for lunch?

4 안나는 아침에 일찍 일어나는 것을 싫어한다. (get up)

→ Anna ____________________ early in the morning.

Vocabulary

C
bite 물어뜯다
often 자주, 종종
nail 손톱
habit 습관
feed 먹이를 주다
animal 동물
zoo 동물원
hobby 취미

D
keep 계속 …하다
speak 말하다
actor 배우

E 다음 그림을 보고 빈칸에 알맞은 말을 쓰세요.

Ways to Stay Healthy

1 eat fresh vegetables
2 eat less fast food
3 sleep well
4 exercise
5 drink lots of water

1 Eating fresh vegetables is one way to stay healthy.

2 ______________________ is good for your health.

3 ___________________________ is also important.

4 You should start ___________________________.

5 You need ________________________________.

F 다음 문장에서 틀린 부분을 찾아 바르게 고쳐 쓰세요.

1 Suddenly, it began rain.

2 I feel like stay at home today.

3 I don't mind open the window.

4 They decided inviting many people.

5 What about to wear this pink dress?

Vocabulary

E
way 방법
stay healthy 건강을 유지하다
fresh 신선한
vegetable 채소
exercise 운동하다
lots of 많은
health 건강
should …해야 한다

F
suddenly 갑자기
begin 시작하다
stay 머무르다
people 사람들

LEAP UP

A 주어진 말을 이용하여 우리말에 맞게 영작하세요.

1 프랑스어를 배우는 것은 쉽지 않다. (learn French, easy)

→ ______________________________

2 나는 달리는 것을 포기하지 않았다. (give up, run)

→ ______________________________

3 그들은 외식하는 것을 선택했다. (choose, eat out)

→ ______________________________

4 그녀는 마당을 청소하느라 바빴다. (busy, clean the yard)

→ ______________________________

B 〈보기〉와 같이 주어진 단어를 이용하여 밑줄 친 부분을 바꿔 문장을 다시 쓰세요.

〈보기〉 He practiced chess. (play)
→ He practiced playing chess.

1 We love camping. (go)

→ ______________________________

2 She wants coffee. (drink)

→ ______________________________

3 I finished my homework. (do)

→ ______________________________

4 David enjoys movies. (watch)

→ ______________________________

Vocabulary

A
French 프랑스어
choose 선택하다
eat out 외식하다
yard 마당

UNIT 07~08 REVIEW TEST

[1–2] 빈칸에 들어갈 말로 알맞은 것을 고르세요.

1

Did you finish ________ your room?

① clean
② cleaned
③ cleaning
④ to clean

2

Ann decided ________ her hair style.

① change
② changed
③ changing
④ to change

3 빈칸에 들어갈 수 없는 것을 고르세요.

My sister likes to ________.

① sing
② wears a skirt
③ draw pictures
④ go to the zoo

4 다음 우리말을 영어로 바르게 옮긴 것을 고르세요.

그는 초대할 친구들이 많았다.

① He had many friends invite.
② He had many friends inviting.
③ He had many friends to invite.
④ He had many friends for inviting.

5 밑줄 친 부분의 역할이 다른 하나를 고르세요.

① You must hurry to be on time.
② Jenny got up early to go jogging.
③ The boys began to play tennis.
④ She went to the café to meet her friend.

6 빈칸에 들어갈 말이 바르게 짝지어진 것을 고르세요.

• Do you avoid ________ soda?
• We need ________ about this problem.

① drinking – talking
② drinking – to talk
③ to drink – talking
④ to drink – to talk

All our dreams can come true,
if we have the courage to pursue them.
– Walt Disney

[7–8] 다음 중 틀린 문장을 고르세요.

7 ① Catch fish is fun.
② Linda is busy baking cookies.
③ He kept looking at the sky.
④ I hate to go outside on a rainy day.

8 ① When did you go jogging?
② He promised to not be late.
③ I enjoy listening to music.
④ Getting an A on the test is hard.

9 다음 우리말과 같은 뜻이 되도록 주어진 단어를 이용하여 빈칸에 알맞은 말을 쓰세요.

우리는 너를 다시 만나서 기쁘다. (see)

→ We are glad ________ you again.

[10–11] 빈칸에 공통으로 들어갈 말을 고르세요.

10
- He started ________.
- I enjoyed ________ along the river.

① walk ② walked
③ to walk ④ walking

11
- My hobby is ________ baseball games.
- Patrick will go to the theater ________ a movie.

① watch ② watches
③ to watch ④ watching

12 주어진 단어를 이용하여 빈칸을 완성하세요.

I feel like ________ a nap. (take)

13 다음 밑줄 친 부분과 쓰임이 같은 것을 고르세요.

I don't have a dress to wear.

① To cook is interesting.
② Chris didn't want to travel alone.
③ You should bring a book to read.
④ She stopped her car to help the old man.

14 다음 문장에서 틀린 부분을 찾아 바르게 고쳐 쓰세요.

I gave up to fix my car.

________ → ________

서로 다른 곳을 찾아라!

첫 번째 그림은 유명한 화가가 자신의 방을 그린 그림이에요.
그런데 누군가가 그의 그림을 따라 가짜를 그렸어요.
두 그림의 다른 점 여섯 군데를 찾아서, 두 번째 그림이 가짜라는 것을 밝혀주세요.

진짜

가짜

정답

UNIT 09 접속사

다시 보기

지난 Unit에서 배운 내용을 다시 확인해 보세요.

★ 동명사

Riding a bicycle is good exercise. 자전거 타기는 좋은 운동이다. (주어)
Harry avoids **eating** too much. 해리는 너무 많이 먹는 것을 피한다. (목적어)
My hobby is **swimming.** 나의 취미는 수영하는 것이다. (보어)

★ 목적어로 쓰이는 동명사와 to부정사

Nancy **finished reading** the book. 낸시는 책을 읽는 것을 끝냈다.
You **need to be** careful. 너는 조심할 필요가 있다.
We **began having** dinner. / We **began to have** dinner. 우리는 저녁을 먹기 시작했다.

미리 보기

만화를 통해 이번 Unit에서 배울 내용을 미리 살펴보세요.

and, but, or, so

A How about going inline skating on Friday **or** Saturday?
금요일이나 토요일에 인라인 스케이트 타러 가는 게 어때?

B I am busy on Friday, **so** let's go on Saturday.
난 금요일에 바쁘니까 토요일에 가자.

예문 맛보기

A, B의 or와 so는 접속사라고 해.

1 **접속사**는 단어와 단어 또는 문장과 문장을 **연결**해 주는 말로, 말과 말 사이를 매끄럽게 이어주는 접착제 역할을 합니다.

단어와 단어	Henry **and** Mina went to the park. 헨리와 민아는 공원에 갔다.
문장과 문장	Rabbits are fast, **but** turtles are slow. 토끼는 빠르지만, 거북이는 느리다.

2 대표적인 접속사로는 and, but, or, so가 있습니다. 다음 표를 보고 그 의미와 쓰임을 확인해 보세요.

접속사	의미	쓰임
and	그리고	서로 비슷한 내용을 연결
but	그러나	서로 반대되는 내용을 연결
or	또는	선택해야 하는 내용을 연결
so	그래서	원인과 결과를 연결

BUDDY'S TIPS

셋 이상의 비슷한 내용을 연결할 때는 콤마(,)로 구분하고 마지막 단어 앞에만 and를 써.

I ate ham, eggs, and apples.
나는 햄, 계란, 그리고 사과를 먹었다.

Examples

We bought salt **and** pepper. 우리는 소금과 후추를 샀다.
He drove the car fast **but** safely. 그는 빠르지만 안전하게 자동차를 운전했다.
Would you like some juice **or** milk? 주스나 우유를 마시겠니?
It rained, **so** we stayed at home. 비가 와서 우리는 집에 있었다.

PLUS 접속사가 연결하는 말

and, but, or, so는 서로 같은 종류의 말을 연결하며, 다른 종류의 말은 연결하지 못합니다.

I am handsome (형용사) **and** a student (명사). (X) — 형용사 ≠ 명사

I am handsome (형용사) **and** smart (형용사). (O) — 형용사 = 형용사

WARM UP

A 다음 문장에서 접속사에 ○ 하고, 그 의미를 쓰세요.

1 He drove the car fast but safely. ____________

2 You can eat pudding or ice cream. ____________

3 He is holding a spoon and a fork. ____________

4 My mom is tall, but my dad is short. ____________

5 David or Paul will be your roommate. ____________

6 I went to the museum, but it was closed. ____________

7 It rained, so we didn't go out. ____________

B 다음 빈칸에 들어갈 말로 알맞은 것을 고르세요.

1 The music is too loud and ____________.

① noisy ② noise

2 He sings and ____________ with the music.

① dances ② dancing

3 The book was thick but ____________.

① interest ② interesting

4 The weather is cold and ____________.

① wind ② windy

5 Cathy was late for the class, so ____________.

① ran ② she ran

Vocabulary

A

safely 안전하게
hold 잡고 있다
roommate 룸메이트
museum 박물관
closed 닫힌
go out 외출하다

B

noisy 시끄러운
noise 소음
interest 관심, 흥미
class 수업

when, before, after, because

A We were friends **before** Amy became famous.
에이미가 유명해지기 전에 우리는 친구였다.

B **After** she became a singer, she looked pretty.
그녀는 가수가 된 후에 예뻐 보였다.

예문 맛보기

A의 before, B의 After는 어떤 의미일까?

1 when, before, after는 **문장과 문장을 연결**하는 접속사로, 두 문장의 **시간 관계**를 나타냅니다. 「**when/before/after+주어+동사**」의 형태로 사용합니다.

when …할 때	before …하기 전에	after …한 후에

기억나?

before와 after는 전치사로도 쓰여.
before dinner 저녁 식사 전에
after school 방과 후에

Examples

When Emily was young, she was sick.
에밀리는 어렸을 때 아팠다.

Ben woke up **before** the alarm clock rang.
벤은 자명종이 울리기 전에 일어났다.

After you finish your homework, you can watch TV.
너는 숙제를 끝낸 후에 TV를 봐도 된다.

BUDDY'S TIPS

접속사로 시작하는 문장이 앞에 올 때는 콤마(,)를 붙여.
When I left, I locked the door.
내가 떠날 때, 나는 문을 잠갔다.

2 because는 '**…이기 때문에**'라는 뜻을 가진 접속사로, 두 문장의 **원인과 결과 관계**를 나타냅니다. 「**because+주어+동사**」의 형태로 사용합니다.

He got a taxi (결과) **because** he was late (원인). 그는 늦었기 때문에 택시를 탔다.

Examples

Because she didn't have any friends, she was lonely. 그녀는 친구가 없었기 때문에 외로웠다.
They were hungry **because** they didn't eat anything. 그들은 아무것도 먹지 않았기 때문에 배고팠다.

다음 문장에서 접속사에 ○ 하세요.

1 When Junho woke up, it was noon.
2 The boy was thirsty after he played soccer.
3 Tina was happy because she won the game.

WARM UP

A 다음 우리말과 일치하는 문장을 고르세요.

1 그는 떠나기 전에 창문을 닫았다.

a He closed the windows before he left.

b Before he closed the windows, he left.

2 내가 그녀를 만났을 때, 그녀는 머리가 길었다.

a When I met her, she had long hair.

b When she had long hair, I met her.

3 나는 아무것도 먹지 않았기 때문에 배가 너무 고팠다.

a I didn't eat anything because I was so hungry.

b Because I didn't eat anything, I was so hungry.

B 자연스러운 문장이 되도록 빈칸에 들어갈 말을 골라 그 기호를 쓰세요.

ⓐ before I have a meal	ⓑ because she got up late
ⓒ after the sun sets	ⓓ when he was young

1 Dennis was sick ______________________.

2 It becomes dark ______________________.

3 I wash my hands ______________________.

4 She was late for school ______________________.

Vocabulary

A
hair 머리카락

B
meal 식사
get up 일어나다
set (해 · 달이) 지다
become …이 되다
dark 어두운

STEP UP

A 다음 문장에서 주어진 접속사가 들어갈 위치에 ✓ 하세요.

1 or — Michele ① will buy ② fish ③ meat.

2 so — She is kind, ① everyone ② likes ③ her.

3 because — I can't ① go ② to school ③ I am sick.

4 but — Susan eats ① a lot of food, ② she is ③ slim.

5 and — Jack saw ① elephants ② bears ③ at the zoo.

6 when — We were ① happy ② we met ③ each other.

7 after — Anna ① turned off the light ② she finished her ③ shower.

B ( ) 안에서 알맞은 것을 고르세요.

1 The boys are wearing hats (and / but) uniforms.

2 I will help you (after / but) I finish my work.

3 (When / Before) it's cold, I like to stay inside.

4 Do you like swimming or (fish / fishing)?

5 He knocked on the door (after / before) he entered.

6 I can't do my homework (so / because) my computer is broken.

Vocabulary

A
meat 고기
everyone 모든 사람, 모두
a lot of 많은
slim 날씬한
elephant 코끼리
each other 서로
turn off (전기 · 수도 등을) 끄다
shower 샤워

B
uniform 유니폼
inside 안에
knock 두드리다, 노크하다
enter 들어가다
broken 고장 난

C 다음 빈칸에 and, but, or, so 중 알맞은 것을 쓰세요.

1 James ______ Stacy always study together.

2 She hurried ______ she was still late.

3 Ken is poor, ______ he can't buy a house.

4 Will he come back tonight ______ tomorrow?

5 My grandfather is very old, ______ he is very healthy.

D 다음 우리말과 같은 뜻이 되도록 알맞은 말을 〈보기〉에서 골라 쓰세요.

〈보기〉 and or because before after

1 그가 세차를 한 후에, 비가 오기 시작했다.

→ ______ he washed his car, it started raining.

2 제니는 저녁을 요리했고, 벤은 그녀를 도와주었다.

→ Jenny cooked dinner, ______ Ben helped her.

3 우리는 그곳에 지하철이나 버스로 갈 수 있다.

→ We can go there by subway ______ by bus.

4 골룸은 반지를 잃어버려서 화가 났다.

→ Gollum got angry ______ he lost the ring.

5 네가 한국을 떠나기 전에, 너는 N-타워를 방문해야 한다.

→ ______ you leave Korea, you must visit the N-tower.

Vocabulary

C
hurry 서두르다
still 그런데도
poor 가난한
healthy 건강한

D
subway 지하철
ring 반지

E 다음 표를 보고 〈보기〉에서 알맞은 접속사를 골라 문장을 완성하세요.

Time	To-Do List
8 a.m.	do yoga
9 a.m.	go to the studio
12 p.m.	eat a salad for lunch
1 p.m.	have a meeting with the director
3 p.m.	film my scene

〈보기〉 or but after before because

I'm an actress. This morning, I did yoga for an hour.

1 ___________ I did yoga, I went to the studio.

2 I ate a salad for lunch ___________ I am on a diet.

3 ___________ I filmed my scene, I had a meeting with the director.

4 I am tired, ___________ I enjoy my job.

F 다음 문장에서 밑줄 친 부분을 바르게 고쳐 쓰세요.

1 The cat is small <u>or</u> cute.

2 I studied hard <u>and</u> failed the test.

3 They didn't run <u>before</u> they had enough time.

4 You must arrive at the airport <u>after</u> the plane departs.

5 I don't have a camera, <u>but</u> I can't take photos.

Vocabulary

E

yoga 요가
studio (방송국의) 스튜디오
meeting 회의
director 감독
film 촬영하다
scene 장면
actress 여배우
be on a diet 다이어트 중인
tired 피곤한

F

fail (시험에) 떨어지다
enough 충분한
arrive 도착하다
depart 출발하다
take a photo 사진을 찍다

LEAP UP

A 다음 문장을 우리말로 해석하세요.

1 Cindy invited her friends, but nobody came.

→ ______________________________

2 I was angry, so I didn't say anything.

→ ______________________________

3 She put on the coat because the weather was cold.

→ ______________________________

4 When I was young, I lived with my grandmother.

→ ______________________________

B 다음 우리말과 같은 뜻이 되도록 알맞은 접속사를 이용하여 두 문장을 연결하세요.

1 영화를 볼 때 나는 팝콘과 콜라를 가져온다.
I watch a movie. + I bring popcorn and coke.

→ ______________________________

2 나는 저 티셔츠가 사고 싶지만 그것은 매우 비싸다.
I want to buy that T-shirt. + It is so expensive.

→ ______________________________

3 초콜릿을 먹은 후에는 이를 닦아야 한다.
You must brush your teeth. + You eat chocolate.

→ ______________________________

Vocabulary

A
invite 초대하다
nobody 아무도 (… 않다)
put on …을 입다
coat 외투, 코트
weather 날씨

B
bring 가져오다
expensive 비싼

신비한 책의 비밀번호를 찾아라!

다락방에서 신비한 책을 발견했어요! 그런데 비밀번호를 알아야 열 수 있군요!
다음 힌트를 보고 책을 펼칠 수 있는 비밀번호를 찾아내세요.

1. 비밀번호는 다섯 개의 숫자이며, 서로 겹치지 않아요.
2. 지금 책에 쓰인 숫자들은 비밀번호에 들어가지 않아요.
3. 현재 숫자에서 짝수는 홀수로 바뀌고, 홀수는 짝수로 바뀌어요.
4. 첫 번째 비밀번호는 가장 작은 숫자가 오고, 마지막 비밀번호는 가장 큰 숫자가 와요.
5. 중간에는 5보다 작은 숫자가 와요.

정답: 지금 책에 쓰인 8, 1, 5, 2, 0을 제외하고 나면 비밀번호가 될 수 있는 숫자는 3, 4, 6, 7, 9예요. 이 중 가장 작은 숫자 3이 맨 앞에 오고, 가장 큰 숫자 9가 맨 뒤에 옵니다. 중간에는 5보다 작은 숫자인 4가 옵니다. 짝수는 홀수로, 홀수는 짝수로 바뀌므로 1 대신 6이, 2 대신 7이 오면 되지요. 따라서 비밀번호는 3-6-4-7-9입니다.

UNIT 10 여러 가지 문장

다시 보기

지난 Unit에서 배운 내용을 다시 확인해 보세요.

★ and, but, or, so

We bought salt **and** pepper. 우리는 소금과 후추를 샀다.

He drove the car fast **but** safely. 그는 빠르지만 안전하게 자동차를 운전했다.

Would you like some juice **or** milk? 주스나 우유를 마시겠니?

It rained, **so** we stayed at home. 비가 와서 우리는 집에 있었다.

★ when, before, after, because

When Emily was young, she was sick. 에밀리는 어렸을 때 아팠다.

Ben woke up **before** the alarm clock rang. 벤은 자명종이 울리기 전에 일어났다.

After you finish your homework, you can watch TV. 너는 숙제를 끝낸 후에 TV를 봐도 된다.

He got a taxi **because** he was late. 그는 늦었기 때문에 택시를 탔다.

미리 보기

만화를 통해 이번 Unit에서 배울 내용을 미리 살펴보세요.

명령문과 제안문

A What do you want? 넌 무엇을 원하니?

B **Tell** me your wish. 네 소원을 나에게 말해봐.

C **Make** me a prince, please. 저를 왕자로 만들어 주세요.

예문 맛보기

문장의 맨 앞에는 주어가 온다고 배웠지? 하지만 동사로 시작하는 문장도 있어.

1 **명령문**: '**…해라**'라는 의미의 명령문은 주어 없이 **동사원형으로 시작**합니다. 명령을 할 때는 보통 상대방을 직접 보면서 말하기 때문에 'you'라는 주어를 생략합니다. '**…하지 마라**'라는 의미의 명령문은 「**Do not[Don't]+동사원형 ….**」으로 표현합니다.

Examples

Sit down. 앉아라.

Be careful. 조심해라.

Do not open the box. 그 상자를 열지 마라.

Don't be afraid. 두려워하지 마라.

BUDDY'S TIPS

명령문의 앞이나 뒤에 'please'를 붙이면 더 부드럽고 공손한 표현이 돼.

Look at the picture, please.

사진을 보세요.

2 **제안문**: '**…하자**'라고 상대방에게 제안할 때는 「**Let's+동사원형 ….**」을 씁니다.
'**…하지 말자**'라고 제안할 때는 「**Let's not+동사원형 ….**」을 씁니다.

Examples

Let's go to the sea. 바다에 가자.

Let's help him. 그를 도와주자.

Let's not buy it. 그것은 사지 말자.

PLUS 제안을 나타내는 표현과 대답

다음 표현들을 통해서도 제안을 나타낼 수 있습니다.

「Shall we+동사원형 …?」 우리 …할래?

「Why don't we[you]+동사원형 …?」 우리[너] …하는 게 어때?

「How[What] about+(동)명사?」 …하는 게 어때?

제안에는 다음과 같이 대답할 수 있습니다.

Sure. 그래.

Sounds good. 좋아.

Okay. 좋아.

That's a good idea. 좋은 생각이야.

I'm sorry, but I can't. 미안하지만, 안 돼.

A: **Shall we** dance? 우리 춤출래?
B: **Sure.** 그래.

A: **Why don't you** sing? 너 노래하는 게 어때?
B: **I'm sorry, but I can't.** 미안하지만, 안 돼.

A: **How about eating** pizza? 피자를 먹는 게 어때?
B: **Okay.** 좋아.

WARM UP

A 다음 빈칸에 들어갈 말로 알맞은 것을 고르세요.

1 ________ the juice. ① Drink ② Drinking

2 Don't ________ scared. ① are ② be

3 Let's ________ a book. ① read ② reads

4 Let's not ________ it. ① buy ② to buy

5 Don't ________ the street. ① crossed ② cross

6 Please don't ________ late. ① come ② coming

7 Do not ________ TV tonight. ① watch ② watches

8 Why don't you ________ home? ① going ② go

B 다음 문장과 그림을 바르게 연결하세요.

1 Go straight. • • a

2 Wash your hands. • • b

3 Don't bring food. • • c

4 Don't use a cell phone. • • d

Vocabulary

A
scared 무서워하는, 겁먹은
street 거리
cross 건너다
late 늦게, 늦은

B
straight 똑바로, 곧장
bring 가져오다

감탄문과 부가의문문

A **What** beautiful flowers! 정말 아름다운 꽃들이구나!

B They are tulips, **aren't they**? 저것들은 튤립이지, 그렇지 않니?

C **Yes**, they **are**. Let's take a picture. 맞아. 사진 찍자.

예문 맛보기

A의 What과 B의 aren't they는 무슨 의미일까?

1 **감탄문**: 놀라움이나 기쁨 등의 감정을 나타내는 문장을 감탄문이라고 하며, **'정말 …하구나!'**라고 해석합니다. how 감탄문과 what 감탄문이 있으며, 주어와 동사는 생략하기도 합니다.

(1) how 감탄문은 「**How+형용사/부사+주어+동사!**」의 형태입니다.

How kind (you are)! 정말 친절하구나! **How** thick (it is)! 정말 두껍구나!

(2) what 감탄문은 「**What+(a/an)+형용사+명사+주어+동사!**」의 형태입니다.

What a big ship (it is)! 정말 큰 배구나! **What** tall buildings (they are)! 정말 높은 건물들이구나!

2 **부가의문문**: 부가의문문은 앞서 말한 내용을 확인하거나 상대의 동의를 얻고자 할 때 문장의 끝에 쓰는 의문문입니다. **'그렇지?'** 또는 **'그렇지 않니?'**라고 해석하며, 다음 규칙에 따라 만듭니다.

(1) 문장이 긍정문이면 부가의문문은 부정으로, 문장이 부정문이면 부가의문문은 긍정으로 만듭니다.

It is clean, **isn't it**? 그것은 깨끗해, 그렇지 않니? It is not clean, **is it**? 그것은 깨끗하지 않아, 그렇지?

(2) 문장의 동사에 따라 be동사/do/조동사를 넣고, 시제는 문장의 시제를 따릅니다.

He is tall, **isn't** he? 그는 키가 커, 그렇지 않니?
You didn't live in Seoul, **did** you? 너는 서울에 안 살았지, 그렇지?
She can't drive, **can** she? 그녀는 운전을 못하지, 그렇지?

(3) 동사 뒤에는 문장의 주어를 대명사로 바꾸어 넣습니다.

Jenny was a teacher, wasn't **she**? 제니는 선생님이었지, 그렇지 않니?

3 **부가의문문에 대한 대답**: 부가의문문의 내용과 상관없이 **대답이 긍정**이면 **Yes**를, **부정**이면 **No**를 씁니다.

Examples

A: You like pizza, don't you? 너 피자 좋아하지, 그렇지 않니?
B: **Yes, I do.** 응, 좋아해. / **No, I don't.** 아니, 안 좋아해.

A: You don't like pizza, do you? 너 피자 안 좋아하지, 그렇지?
B: **Yes, I do.** 아니, 좋아해. / **No, I don't.** 응, 안 좋아해.

WARM UP

A ( ) 안에서 알맞은 것을 고르세요.

1 (How / What) sunny!

2 (How / What) an old house!

3 (How / What) a cute baby he is!

4 (How / What) clean the room is!

5 (How / What) kind they are!

6 (How / What) a fast runner she is!

B 다음 빈칸에 들어갈 말로 알맞은 것을 고르세요.

1 Ken is a painter, __________?

① is he ② isn't he

2 Spiders can't fly, __________?

① can they ② can't they

3 It is not dirty, __________?

① is it ② isn't it

4 Tina doesn't like Alex, __________?

① does she ② did she

5 They were classmates, __________?

① aren't they ② weren't they

Vocabulary

A

sunny 화창한
clean 깨끗한
runner (달리기) 주자

B

painter 화가
fly 날다
dirty 더러운
classmate 반 친구

STEP UP

A (　) 안에서 알맞은 것을 고르세요.

1 (How / What) an easy puzzle!

2 Don't (eat / eats) too much.

3 (Are / Be) nice to your friends.

4 Pasta is delicious, isn't (pasta / it)?

5 Let's (not go / go not) to the gym today.

6 You didn't wear glasses, (did / didn't) you?

7 The boys are your cousins, aren't (he / they)?

B 다음 우리말과 같은 뜻이 되도록 〈보기〉의 단어를 이용하여 문장을 완성하세요.

〈보기〉 do　pick　park　go

1 오늘은 일찍 잠자리에 들어라.

→ ________ to bed early today.

2 숙제를 먼저 해라.

→ ________ your homework first.

3 꽃을 꺾지 마세요.

→ Please ________ ________ the flowers.

4 여기에 차를 주차하지 마세요.

→ ________ ________ your car here.

Vocabulary

A
easy 쉬운
puzzle 퍼즐
delicious 맛있는
gym 체육관
glasses 안경
cousin 사촌

B
pick (꽃을) 꺾다
park 주차하다
homework 숙제
first 우선, 맨 먼저
here 여기에

C 다음 그림을 보고 주어진 단어를 이용하여 빈칸에 알맞은 말을 쓰세요.

1

expensive

__________ __________ the ring is!

2

deep

__________ a __________ pool it is!

3

kind

__________ __________ he is!

4

tall

__________ __________ boys they are!

D 두 문장이 같은 뜻이 되도록 주어진 말을 이용하여 문장을 완성하세요.

1 Let's take a bus. (how about)

→ ______________________________ a bus?

2 Let's have dinner together. (shall)

→ ______________________________ dinner together?

3 Let's go to the theater. (what about)

→ ______________________________ to the theater?

4 Let's meet at the station. (why don't)

→ ______________________________ at the station?

Vocabulary

C

expensive 비싼

deep 깊은

pool 수영장

D

take a bus 버스를 타다

together 함께

theater 극장

station 역, 정류장

E 다음 표를 보고 빈칸에 알맞은 말을 쓰세요.

	과거	현재
Romeo's Job	lawyer	judge
Romeo's Hobby	fishing	playing chess

1 A: Romeo was a lawyer, ______________?

B: Yes, ______________________.

2 A: Romeo isn't a lawyer now, ______________?

B: No, ______________________.

3 A: Romeo enjoyed fishing in the past, ______________?

B: ______________________

4 A: Romeo doesn't play chess these days, ______________?

B: ______________________

F 우리말과 같은 뜻이 되도록 〈보기〉의 말을 이용하여 문장을 완성하세요.

〈보기〉 go bring take be

What a lovely day! 정말 멋진 날이구나!

1 __________ don't we __________ to the park? 우리 공원에 가는 게 어때?

Sounds good. 좋아.

2 __________ your camera. 네 카메라 가져와.

3 __________ __________ pictures together. 같이 사진 찍자.

4 Okay. __________ __________ late. 알았어. 늦지 마.

Vocabulary

E

job 직업
lawyer 변호사
judge 판사
fishing 낚시
chess 체스
in the past 과거에는
these days 요즘에는

F

lovely 훌륭한, 멋진

LEAP UP

A 다음 문장에서 밑줄 친 부분을 고쳐 문장을 다시 쓰세요.

1 How a smart dog it is!

→ ______________________________

2 Don't ran in the hallway.

→ ______________________________

3 Let's to go to the bookstore.

→ ______________________________

4 The doctors were busy, were they?

→ ______________________________

5 Let's not riding the roller coaster.

→ ______________________________

B 다음 문장을 ( ) 안의 지시대로 바꿔 쓰세요.

1 You look at the blackboard. (명령문)

→ ______________________________

2 We play outside. (부정의 제안문)

→ ______________________________

3 It is a perfect plan. (what 감탄문)

→ ______________________________

4 Taylor sings very well. (부가의문문이 있는 문장)

→ ______________________________

Vocabulary

A
smart 똑똑한, 영리한
hallway 복도
bookstore 서점

B
blackboard 칠판
outside 밖에
perfect 완벽한
plan 계획

UNIT 09~10 REVIEW TEST

[1-2] 빈칸에 들어갈 말로 알맞은 것을 고르세요.

1

Let's __________ together.

① plays　② study
③ going　④ to sing

2

__________ a good student.

① Is　② Am
③ Be　④ Are

[3-4] 빈칸에 들어갈 수 없는 것을 고르세요.

3

Fiona is smart and __________.

① rich
② wise
③ pretty
④ a princess

4

Don't ______________.

① cry
② is late
③ use my phone
④ open the door

5 다음 문장에서 접속사 before가 들어갈 위치에 ✓ 하세요.

You ① must ② think ③ carefully ④ you speak.

[6-7] 다음 우리말을 영어로 바르게 옮긴 것을 고르세요.

6

우리 동물원에 가는 게 어때?

① Why don't you go to the zoo?
② Why didn't you go to the zoo?
③ Why didn't we go to the zoo?
④ Why don't we go to the zoo?

7

이 스테이크는 값이 싸지만 맛있다.

① This steak is cheap or delicious.
② This steak is cheap so delicious.
③ This steak is cheap but delicious.
④ This steak is cheap and delicious.

[8-9] 다음 우리말과 같은 뜻이 되도록 빈칸에 알맞은 말을 쓰세요.

8

그녀는 아침에 물이나 우유를 마신다.

→ She drinks water __________ milk in the morning.

All our dreams can come true,
if we have the courage to pursue them.
– Walt Disney

9

> 당신은 정말 아름답군요!

→ ________ beautiful you are!

10 빈칸에 들어갈 말이 바르게 짝지어진 것을 고르세요.

> • I often feel sleepy ________ I have lunch.
> • He was angry ________ he lost his ring.

① and – after
② after – so
③ after – because
④ so – because

11 다음 중 틀린 문장을 고르세요.

① You liked me, didn't you?
② That tree is a peach tree, isn't it?
③ Andrew often visits Japan, isn't he?
④ They don't speak English, do they?

12 빈칸에 들어갈 말이 다른 하나를 고르세요.

① ________ cold it is!
② ________ a busy day!
③ ________ fresh air it is!
④ ________ dangerous animals they are!

13 다음 밑줄 친 부분의 의미로 알맞은 것을 고르세요.

> A: Mike wasn't a painter, was he?
> B: Yes, he was.

① 마이크는 화가였다.
② 마이크는 화가가 아니었다.
③ 마이크는 화가가 될 것이다.
④ 마이크가 화가인지 아닌지 모른다.

14 다음 문장을 부가의문문이 있는 문장으로 바꿀 때, 빈칸에 알맞은 말을 쓰세요.

> He ate my cookies.

→ He ate my cookies, ________ ________?

15 다음 우리말과 같은 뜻이 되도록 주어진 단어를 이용하여 문장을 완성하세요.

> 나는 배가 고팠기 때문에 많이 먹었다. (hungry)

→ ________ ________ ________ ________, I ate a lot.

낭만적인 빛의 축제를 즐기러 떠나요!

태국은 매년 11월이 되면 환상적인 빛으로 물듭니다. 태국의 대표적인 축제인 러이 크라통과 이펭이 열리기 때문입니다.

러이 크라통 축제에서는 바나나 잎으로 만든 연꽃 봉오리 모양의 등불을 강에 띄워 보냅니다. 이때 근심과 걱정도 함께 떠내려 간다고 믿는 거예요. 이 축제는 고대에 물의 신에게 경의를 표하던 전통에서 비롯돼 오늘날까지 이어지고 있어요.

한편, 이펭 축제 때는 등불을 하늘로 띄워 보냅니다. 이때 등불이 꺼지지 않고 멀리 날아가면 소원이 이루어진다고 해요! 가는 곳마다 환상적으로 빛나는 이 축제 기간에 태국을 찾게 된다면, 영화 속의 주인공이 된 기분일 거예요!

초등학생의 영어 친구

그래머버디

GRAMMAR BUDDY

3

정답 및 해설

기초 다지기

A 1 The boys, are 2 Miranda, eats
3 He, sings 4 The earth, is

B 1 보 2 목 3 목 4 보

C 1 at night 2 slowly
3 in his house 4 angry

UNIT 01 조동사 1

WARM UP p.11

A 1 fly 2 be 3 can 4 may
5 drive 6 close

B 1 ① 2 ① 3 ② 4 ① 5 ② 6 ① 7 ②

CHECK UP p.12

1 ① 2 ① 3 ③

WARM UP p.13

A 1 b, c 2 a

B 1 a 2 a 3 b 4 b 5 a

STEP UP pp.14~16

A 1 ⓐ 2 ⓒ 3 ⓐ 4 ⓓ 5 ⓑ

B 1 can 2 may 3 must 4 must
1 '…할 수 있다'는 의미를 나타내는 can이 알맞다.
2 '…일지도 모른다'는 의미를 나타내는 may가 알맞다.
3, 4 '…해야 한다'는 의미를 나타내는 must가 알맞다.

C 1 have, to 2 is, able, to
3 am, able, to 4 has, to
1, 4 must가 의무를 나타낼 때는 have to로 바꿔 쓸 수 있다. 이때 have는 주어의 인칭과 수에 따라 달라진다.
2, 3 can이 능력을 나타낼 때는 be able to로 바꿔 쓸 수 있다. 이때 be동사는 주어의 인칭과 수에 따라 달라진다.

D 1 must come 2 can see 3 can make
4 may[can] take

E 1 can strike 2 may borrow 3 must arrive

F 1 may be 2 has to 3 is able to
4 may bring 5 can ride 6 must go

LEAP UP p.17

A 1 너는 새 휴대폰을 사도 된다.
2 그 원숭이는 춤을 출 수 있다.
3 그는 중국어를 말할 수 있다.
4 그녀는 두 시 전에 도착해야 한다.

B 1 You may visit my house.
2 You must tell the truth.
3 Tina has to pass the exam.
4 This robot can clean your room.

UNIT 02 조동사 2: 부정문과 의문문

WARM UP p.21

A 1, 2, 4, 6, 7

B 1 ② 2 ② 3 ③ 4 ③ 5 ② 6 ② 7 ②

WARM UP p.23

A 1 ⓑ 2 ⓐ 3 ⓐ 4 ⓑ 5 ⓒ

B 1 ② 2 ① 3 ① 4 ② 5 ①

STEP UP pp.24~26

A 1 drive 2 Can 3 may not 4 must not
5 can't 6 May 7 Can
3, 4 조동사가 있는 문장을 부정문으로 만들 때는 조동사 뒤에 not을 붙인다.
6 「May I+동사원형 …?」는 '제가 …해도 될까요?'의 의미이다.

B 1 can't[cannot] make 2 must not forget
3 may not make 4 may not live
1 can과 not은 띄어 쓰지 않고 붙여서 cannot으로 쓰며, 보통 can't로 줄여 쓴다.

C 1 can't[cannot] eat, can eat
2 may not be, may be
3 must not use, must use

D 1 can't[cannot], ride 2 Can, play
3 May[Can], see 4 may, not, arrive
4 '…이 아닐지도 모른다'는 의미를 나타낼 때는 may not을 쓴다.

E 1 No, you can't.　2 No, you may not.
3 No, you can't.　4 Yes, you may.
1~4 허가를 구하는 표현인 「Can[May] I + 동 사 원 형 …?」에 대한 긍정의 대답은 「Yes, you can[may].」이고 부정의 대답은 「No, you can't[may not].」로 한다.

F 1 steal not → not steal　2 slept → sleep
3 hear you → you hear　4 started → start
5 tells → tell　6 can buy not → cannot[can't] buy
3, 4 조동사가 있는 문장을 의문문으로 나타낼 때는 「조동사+주어+동사원형 …?」의 형태로 쓴다.

LEAP UP p.27

A 1 그녀는 노래를 잘 부르지 못한다.
2 제가 당신의 이름을 물어봐도 될까요?
3 그는 나를 기억하지 않을지도 모른다.
4 너는 다시는 늦어서는 안 된다.
5 라디오 좀 꺼 주겠니?
1 이 문장에서 can't은 '…할 수 없다'의 의미로 쓰였다.
3 이 문장에서 may not은 '…이 아닐지도 모른다'의 의미로 쓰였다.
4 must not은 '…하면 안 된다'라는 금지의 의미이다.

B 1 May[Can] I join you?
2 Can she fix the car?
3 We must not lose hope.
4 They may not come home.

REVIEW TEST UNIT 01~02 pp.28~29

1 ④　2 ①　3 ②　4 Can　5 ②　6 ③
7 ④　8 ②　9 ②　10 ②
11 May I be your friend?　12 is able to see
13 You must not use your cell phone.
14 Can you turn off the light?

2 ① '…하면 안 된다'의 의미인 must not 뒤에는 동사원형이 온다.
5 ② 조동사 뒤에는 항상 동사원형이 나오므로 is를 be로 고쳐야 올바른 문장이다.
6 ③ 조동사의 의문문은 「조동사+주어+동사원형 …?」의 형태이므로, spoke를 speak로 고쳐야 한다.
10 〈보기〉의 may는 '…해도 된다'라는 허가의 의미를 나타내므로, 이와 같은 의미로 쓰인 것은 ②이다. 나머지는 모두 '…일지도 모른다'라는 추측의 의미를 나타낸다.

UNIT 03 미래시제 1

CHECK UP p.32

1 We'll　2 He'll

WARM UP p.33

A 2, 4, 5, 7
B 1 ①　2 ②　3 ①　4 ①　5 ②　6 ①　7 ③

CHECK UP p.34

1 b　2 c　3 a

WARM UP p.35

A 1 ②　2 ①　3 ①　4 ①　5 ②
B 1 a　2 b　3 b

STEP UP pp.36~38

A 1 will　2 I'll　3 will　4 is
5 to rent　6 will study　7 are　8 pick
2 I will은 I'll로 줄여 쓸 수 있다.
3 will은 주어의 인칭이나 수에 관계없이 항상 will로 쓴다.
4 be going to에서 be동사는 주어의 인칭과 수에 따라 달라진다.
6 next month(다음 달)라는 미래를 나타내는 표현이 쓰였으므로 will study가 알맞다.

B 1 go　2 iron　3 get　4 miss
5 take　6 be
1~6 will과 be going to 뒤에는 항상 동사원형이 나온다.

C 1 He will[He'll] get　2 It will[It'll] be
3 She will[She'll] see　4 I will[I'll] go

D 1 will, call　2 am, going, to, make
3 will, start　4 are, going, to, watch

E 1 visited, will[am going to] visit
2 has, will[is going to] have
3 spent, will[are going to] spend
1, 3 yesterday(어제), last summer(지난 여름)라는 과거를 나타내는 표현이 쓰인 문장은 과거시제로 쓰며, now(지금)라는 현재를 나타내는 표현이 쓰인 문장은 현재시제로, tomorrow(내일), next year(내년), next summer(다음 여름)라는 미래를 나타내는 표현이 쓰인 문장은 미래시제로 쓴다.

F 1 will, go
2 are, going, to, visit
3 are, going, to, go
4 will, come

LEAP UP p.39

A 1 He will pass the test.
2 Nancy will be fifteen years old.
3 They are going to build a new house.
4 I am going to send an e-mail.

B 1 I will call the police.
2 She's going to take a shower.
3 We are going to buy a present.
4 You will have a wonderful time in Hawaii.

UNIT 04 미래시제 2: 부정문과 의문문

CHECK UP p.42

1, 3

WARM UP p.43

A 1 ② 2 ① 3 ① 4 ①
5 ② 6 ② 7 ① 8 ①

B 1 won't listen 2 isn't going to rain
3 won't stay 4 won't study
5 isn't going to buy 6 aren't going to play

WARM UP p.45

A 2, 5, 7

B 1 ② 2 ① 3 ① 4 ② 5 ②

STEP UP pp.46~48

A 1 bite 2 Will 3 will not
4 going 5 Is 6 to invite 7 not going
4, 5, 6 be going to의 의문문은 「be동사+주어+going to+동사원형 …?」의 형태이다.

B 1 will not[won't] 2 Are they going to
3 Will 4 am not going to
1 미래시제의 부정문은 「주어+will not+동사원형 ….」이며, 이때 will not은 won't로 줄여 쓸 수 있다.

C 1 won't, cry 2 Will, get, up
3 Are, going, to, cook
4 am, not, going, to, sing

D 1 Yes, I, am 2 No, I, won't 3 Yes, I, will
1 be going to의 의문문에 대한 대답은 「Yes, 주어+be동사.」 또는 「No, 주어+be동사+not.」으로 한다.
2, 3 will의 의문문에 대한 대답은 「Yes, 주어+will.」 또는 「No, 주어+won't.」로 한다.

E 1 will not take[is not going to take]
2 will not wear[is not going to wear]
3 will not watch[is not going to watch]
4 will not eat[am not going to eat]
1~4 미래시제의 부정문은 「주어+will not+동사원형 ….」 또는 「주어+be동사+not+going to+동사원형 ….」의 형태로 나타낸다.

F 1 willn't → won't 2 study → to study 3 is → be
4 is going to not → is not[isn't] going to

LEAP UP p.49

A 1 Will they travel to India?
2 I'm not going to draw a rainbow.
3 Adam will not[won't] open a grocery store.
4 Are we going to make Christmas cards?

B 1 Will my cat come back?
2 I will not tell lies.
3 Is Parker going to leave soon?
4 He is not going to wash his car.

REVIEW TEST UNIT 03 ~ 04 pp.50~51

1 ③ 2 ③ 3 ③ 4 ④ 5 ② 6 ② 7 ③
8 takes → take 9 they, are
10 Fiona will not[won't] get merried to Shrek.
11 Is Iron Man going to buy a new suit?
12 ③ 13 ③ 14 will go to the beach

1 ③ next year(내년)라는 미래를 나타내는 표현이 쓰였으므로, 미래시제 will travel이 알맞다.
3 ③ will과 will not의 뒤에는 항상 동사원형이 온다.
4 ④ 「Will+주어+동사원형 …?」으로 물으면 「Yes, 주어+will.」 또는 「No, 주어+won't.」로 대답할 수 있다.
6 ② be going to의 부정문은 「주어+be동사+not+going to+동사원형 ….」의 형태로 나타낸다.
7 ③ will의 의문문은 「Will+주어+동사원형 …?」의 형태이므로 raineḍ를 rain으로 고쳐야 한다.

UNIT 05 의문사

CHECK UP p.54

who, how, why, what

WARM UP p.55

A 1 누구　2 어디(에)　3 언제　4 왜
5 어떻게, 얼마나　6 무엇

B 1, 3, 4, 5, 9

WARM UP p.57

A 1 How　2 How　3 What　4 How
5 What　6 How　7 What

B 1 a　2 b　3 a　4 b

STEP UP pp.58~60

A 1 Where is　2 How　3 does she get
4 What sports do　5 did you come
1 동사가 be동사일 때 의문사를 사용한 의문문은 「의문사+be동사+주어 …?」의 형태이다.
3, 5 동사가 일반동사일 때 의문사를 사용한 의문문은 「의문사+do[does/did]+주어+동사원형 …?」의 형태이다.

B 1 ⓒ　2 ⓑ　3 ⓐ　4 ⓓ

C 1 Where　2 How　3 When　4 Why

D 1 What　2 Where　3 When　4 Who
1 무엇을 주문했는지 묻는 것이 적절하므로 의문사 what이 알맞다.
2 in Singapore(싱가포르에서)라는 장소를 묻는 의문사로는 where이 알맞다.
3 at 9 a.m.(아침 9시에)이라는 시간을 묻는 의문사로는 when이 알맞다.
4 Tom Cruise(탐 크루즈)라는 사람을 묻는 의문사로는 who가 알맞다.

E 1 What kind　2 How heavy
3 How smart　4 What color
1, 4 「what+명사」는 '무슨/어떤 …'의 의미이다.
2, 3 「how+형용사」는 '얼마나 …한'의 의미이다.

F 1 do → does　2 your hair is → is your hair
3 you are → are you　4 comes → come
5 much → many
5 명사의 구체적인 수를 묻고 있으므로 much를 many로 고쳐야 한다.

LEAP UP p.61

A 1 How big are whales?
2 What subjects do you like?
3 What flowers did he plant?
4 How much water is in the bottle?
4 「How+much+명사 …?」는 명사의 구체적인 양을 묻는 표현이다.

B 1 Why are they busy?
2 What are your hobbies?
3 How much are the shoes?
4 Where did you find the key?
3 「How much is/are …?」는 가격을 묻는 표현이다.

UNIT 06 비교급과 최상급

WARM UP p.65

A 1 f　2 c　3 a　4 e　5 d　6 b

B 1 hotter　2 oldest　3 easiest
4 faster　5 most careful　6 happier
7 most　8 less

CHECK UP p.66

1 c　2 a　3 b

WARM UP p.67

A 1 ①　2 ②　3 ①　4 ②　5 ②

B 1 a　2 a　3 b　4 b

STEP UP pp.68~70

A 1 longer, longest　2 better, best
3 lighter, lightest　4 nicer, nicest
5 thinner, thinnest　6 wiser, wisest
7 more interesting, most interesting
1, 3 대부분의 단어의 경우, 비교급은 「원급+ -er」, 최상급은 「원급+ -est」의 형태로 쓴다.
4, 6 -e로 끝나는 단어의 비교급은 「원급+ -r」, 최상급은 「원급+ -st」의 형태이다.
7 3음절 이상의 긴 단어의 경우, 비교급은 「more+원급」, 최상급은 「most+원급」의 형태로 쓴다.

B 1 fastest　2 weaker　3 more　4 than
5 close　6 worse　7 most

3 뒤에 than이 있는 것으로 보아 비교급인 more가 와야한다.

C 1 carefully 2 better 3 colder
4 most popular
1 원급 비교는 「as+형용사/부사의 원급+as+비교대상」의 형태이다.
2, 3 비교급 비교는 「형용사/부사의 비교급+than+비교대상」의 형태이다.
4 최상급 비교는 「the+형용사/부사의 최상급」의 형태이다.

D 1 bigger, than 2 as, safe, as
3 more, expensive, than
4 more, comfortable, than
1, 3, 4 표를 통해 Avanto가 Timo보다 더 크고, 더 비싸며, 더 편안함을 알 수 있으므로 비교급 비교를 쓴다.
2 표를 통해 Avanto와 Timo가 동등한 정도로 안전함을 알 수 있으므로 원급 비교를 쓴다.

E 1 larger than 2 the shortest 3 earlier than

F 1 as busy as you 2 prettier than Jane
3 the most important thing
4 the greatest musician
3, 4 최상급 비교는 '…에서'라는 뜻의 「in+비교범위」와 함께 쓸 수 있다.

LEAP UP p.71

A 1 Silvia is the best teacher.
2 They are younger than Julie.
3 Her smile is as bright as the sun.
4 He was the kindest waiter in the restaurant.

B 1 The pizza was more delicious than the pasta.
2 Some dogs are as clever as children.
3 Bill Gates has more money than me.
4 The question was the most difficult on the test.

REVIEW TEST UNIT 05 ~ 06 pp.72~73

1 ③ 2 ③ 3 ① 4 Where, are 5 ②
6 (1) less, least (2) better, best
7 How 8 prettiest → the prettiest
9 ② 10 ② 11 ② 12 ② 13 ④ 14 ③
15 more beautiful than

1 ③ high의 비교급은 higher, 최상급은 highest이다.
2 ③ '언제'를 의미하는 의문사 when이 알맞다.
3 ① 원급 비교에서 as와 as 사이에는 형용사/부사의 원급이 온다.
5 ② 의문사로 시작하는 의문문에는 구체적인 내용의 대답을 해야 한다. 질문은 '그가 언제 한국을 떠났니?'라는 뜻이므로 'A week ago(일주일 전에)'가 알맞은 대답이다.
7 '얼마나 …한'이라는 의미의 정도를 묻는 표현은 「how+형용사 …?」의 형태로 쓸 수 있다.
9 「How many/much+명사 …?」 표현에서 명사가 셀 수 있는 명사면 many를, 셀 수 없는 명사면 much를 써야 한다. ②의 빈칸에는 much가, 나머지 빈칸에는 many가 들어가야 한다.
12 ② 동사가 일반동사일 때, 의문사를 사용한 의문문은 「의문사+do[does/did]+주어+동사원형 …?」으로 나타낸다. 따라서 loves를 love로 고쳐야 올바른 문장이다.
13 ④ 의문사 what은 '무엇'이라는 의미로 쓰이거나, 「what+명사」의 형태로 쓰여 '무슨/어떤 …'의 의미를 나타낸다.

UNIT 07 to부정사

CHECK UP p.76

1 X 2 O 3 X 4 O

WARM UP p.77

A 1 To sing 2 to bark 3 to sleep
4 to be 5 to play 6 to study 7 to stay

B 1 ⓐ 2 ⓒ 3 ⓒ 4 ⓐ 5 ⓑ 6 ⓑ

WARM UP p.79

A 1 time to go 2 books to read
3 dishes to wash 4 homework to do
5 bread to eat 6 clothes to wear

B 1 ① 2 ② 3 ① 4 ② 5 ①

STEP UP pp.80~82

A 1 enjoyed 2 to look 3 solved
4 to see 5 to post 6 to buy
7 not to fall 8 homework to do
7 to부정사의 부정형은 「not to+동사원형」의 형태로 쓴다.
8 to부정사를 형용사처럼 쓸 때는 꾸며주는 명사의 뒤에 위치한다.

B 1 to come 2 to buy
3 to be 4 to have 5 to wash

C 1 ②, 명사 2 ②, 명사 3 ②, 부사
4 ③, 부사 5 ③, 형용사
1, 2 to부정사가 문장에서 명사처럼(목적어) 쓰였다.
3 to 부정사가 '…하게 되어'라는 의미의 부사처럼 쓰였다.
4 to부정사가 '…하기 위해'라는 의미의 부사처럼 쓰였다.
5 to부정사가 명사 a person(사람)을 꾸며주는 형용사처럼 쓰였다.

D 1 to drink 2 to put
3 to eat 4 to decorate

E 1 learned, to, drive 2 sad, to, leave
3 time, to, practice 4 ran, not, to, be
5 is, to, travel
2 to부정사가 형용사 sad(슬픈) 뒤에 쓰여 감정의 원인을 나타낸다.

F 1 see → to see 2 reached → reach
3 be → to be 4 say to → to say
5 to not → not to

LEAP UP p.83

A 1 나의 소망은 너와 함께 있는 것이다.
2 빨래할 시간이다.
3 나는 감기에 걸리지 않기 위해 두꺼운 코트를 입었다.
4 그녀는 파티에서 제임스를 보게 되어 놀랐다.
2 to부정사가 명사 뒤에서 명사를 꾸며주는 형용사처럼 쓰일 때는 '…할', '…해야 할'이라고 해석한다.
4 감정을 나타내는 동사 뒤에 to부정사가 나오면 '…해서'라고 해석한다.

B 1 use a hairbrush to comb my hair
2 went shopping to buy new shoes
3 set the alarm to wake up early
4 took a bus to go to the market
1~4 '…하기 위해'라는 의미의 부사 역할을 하는 to부정사가 쓰여야 한다.

UNIT 08 동명사

CHECK UP p.86

1 eating 2 running 3 studying
4 lying 5 waiting 6 watching

WARM UP p.87

A 1 Planning 2 playing 3 Training
4 watching 5 reading 6 Planting
7 eating 8 winning

B 1 Riding 2 Shopping 3 Buying
4 Singing 5 Trying

WARM UP p.89

A 1 b 2 a 3 a, b 4 a

B 1 ① 2 ② 3 ② 4 ① 5 ②

STEP UP pp.90~92

A 1 to be 2 Saying 3 Baking
4 listening 5 playing 6 to be
2 동명사는 문장에서 주어로 쓰일 수 있다.
3 -e로 끝나는 동사는 e를 빼고 -ing를 붙여서 동명사로 만든다.
4 「How about+동명사 …?」는 '…하는 게 어때?'의 의미이다.
5 enjoy(즐기다)는 동명사를 목적어를 쓰는 동사이다.
6 hope(바라다)는 to부정사를 목적어로 쓰는 동사이다.

B 1 to move 2 cooking 3 to fix 4 playing
1, 3 plan(계획하다)과 promise(약속하다)는 to부정사를 목적어로 쓰는 동사이다.
2 「be동사+busy+동명사」는 '…하느라 바쁘다'의 의미이다.
4 avoid(피하다)는 동명사를 목적어로 쓰는 동사이다.

C 1 bites, biting[to bite] 2 feed, feeding[to feed]
3 plays, playing[to play]
1~3 각 문항의 첫 번째 빈칸에는 동사가 와야 한다. 두 번째 빈칸에는 주어를 보충 설명하는 보어가 와야 하므로, 명사 역할을 할 수 있는 동명사나 to부정사가 와야 한다.

D 1 practices speaking 2 kept waiting
3 want to have 4 hates getting[to get] up
1, 2 practice(연습하다)와 keep(계속 …하다)은 동명사를 목적어로 쓰는 동사이다.
3 want(원하다)는 to부정사를 목적어로 쓰는 동사이다.
4 hate(싫어하다)는 동명사와 to부정사 모두를 목적어로 쓰는 동사이다.

E 1 Eating fresh vegetables
2 Eating less fast food
3 Sleeping well
4 exercising[to exercise]
5 to drink lots of water
4 start(시작하다)는 동명사와 to부정사 모두를 목적어로 쓰는 동사이다.

5 need(필요로 하다)는 to부정사를 목적어로 쓰는 동사이다.

F 1 rain → raining[to rain]
2 stay → staying 3 open → opening
4 inviting → to invite 5 to wear → wearing
2 「feel like+동명사」는 '…하고 싶다'의 의미이다.
3 mind(꺼리다)는 동명사를 목적어로 쓰는 동사이다.
5 「What about+동명사 …?」는 '…하는 게 어때?'의 의미이다.

LEAP UP p.93

A 1 Learning[To learn] French is not easy.
2 I didn't give up running.
3 They chose to eat out.
4 She was busy cleaning the yard.
3 choose(선택하다)는 to부정사를 목적어로 쓰는 동사이다.

B 1 We love going[to go] camping.
2 She wants to drink coffee.
3 I finished doing my homework.
4 David enjoys watching movies.

REVIEW TEST UNIT 07 ~ 08 pp.94~95

1 ③ 2 ④ 3 ② 4 ③ 5 ③ 6 ②
7 ① 8 ② 9 to see 10 ④ 11 ③
12 taking 13 ③ 14 to fix → fixing

3 ② to부정사는 「to+동사원형」의 형태이므로 3인칭 단수 동사인 wears는 빈칸에 올 수 없다.
4 ③ 명사(many friends)를 설명하는 형용사 역할을 하는 to부정사(to invite)가 쓰인 문장이 알맞다.
5 ③의 to부정사는 동사(began)의 목적어 역할을 하는 명사처럼 쓰인 반면, 나머지는 부사처럼 쓰는 to부정사로, '…하기 위해'라는 의미를 나타낸다.
7 ① 주어 역할을 할 수 있도록 동사 catch를 to부정사(To catch) 또는 동명사(Catching)으로 쓰는 것이 알맞다.
8 ② to부정사의 부정형은 「not to+동사원형」이다.
9 감정을 나타내는 형용사 뒤에 to부정사를 써서 '…해서'라는 감정의 원인을 나타낼 수 있다.
12 「feel like+동명사」는 '…하고 싶다'라는 의미이다.
13 밑줄 친 부분은 명사(a dress)를 설명하는 형용사처럼 쓰는 to부정사로 이와 같은 역할을 하는 것은 ③이다. ①, ②는 to부정사가 명사처럼, ④는 목적을 나타내는 부사처럼 쓰였다.

UNIT 09 접속사

WARM UP p.99

A 1 but, 그러나 2 or, 또는 3 and, 그리고
4 but, 그러나 5 or, 또는 6 but, 그러나
7 so, 그래서

B 1 ① 2 ① 3 ② 4 ② 5 ②

CHECK UP p.100

1 When 2 after 3 because

WARM UP p.101

A 1 a 2 a 3 b

B 1 ⓓ 2 ⓒ 3 ⓐ 4 ⓑ

STEP UP pp.102~104

A 1 ③ 2 ① 3 ③ 4 ② 5 ② 6 ② 7 ②

B 1 and 2 after 3 When
4 fishing 5 before 6 because
1 and는 '그리고'의 의미로, 서로 비슷한 내용을 연결할 때 쓴다.
4 or는 서로 같은 종류의 말을 연결하므로, fishing이 알맞다.

C 1 and 2 but 3 so 4 or 5 but
2, 5 서로 반대되는 내용을 연결할 때는 but을 쓴다.
3 앞 문장이 원인이고 뒤 문장이 결과이므로 so가 알맞다.
4 선택해야 하는 내용을 연결할 때는 or를 쓴다.

D 1 After 2 and 3 or 4 because 5 Before

E 1 After 2 because 3 Before 4 but
1 표를 통해, 여덟 시에 요가를 한 뒤에 스튜디오로 갔음을 알 수 있다.
3 표를 통해, 촬영을 하기 전에 감독과 회의를 했음을 알 수 있다.

F 1 and 2 but 3 because 4 before 5 so

LEAP UP p.105

A 1 신디가 친구들을 초대했지만 아무도 오지 않았다.
2 나는 화가 나서 아무 말도 하지 않았다.
3 날씨가 추웠기 때문에 그녀는 외투를 입었다.
4 내가 어렸을 때 나는 할머니와 함께 살았다.

B 1 When I watch a movie, I bring popcorn and coke. [I bring popcorn and coke when I watch a movie.]
2 I want to buy that T-shirt, but it is so expensive.
3 You must brush your teeth after you eat chocolate. [After you eat chocolate, you must brush your teeth.]

UNIT 10 여러 가지 문장

WARM UP p.109

A 1 ① 2 ② 3 ① 4 ①
5 ② 6 ① 7 ① 8 ②

B 1 d 2 b 3 a 4 c

WARM UP p.111

A 1 How 2 What 3 What
4 How 5 How 6 What

B 1 ② 2 ① 3 ① 4 ① 5 ②

STEP UP pp.112~114

A 1 What 2 eat 3 Be 4 it
5 not go 6 did 7 they
4, 7 부가의문문에서 동사 뒤에는 문장의 주어를 대명사로 바꾸어 넣는다.
5 '…하지 말자'라고 제안할 때는 「Let's not+동사원형 ….」을 쓴다.
6 문장이 부정문이므로, 부가의문문은 긍정으로 만든다.

B 1 Go 2 Do 3 don't, pick
4 Don't, park
1, 2 '…해라'는 의미의 명령문은 동사원형으로 시작한다.
3, 4 '…하지 마라'는 의미의 명령문은 「Do not[Don't]+동사원형 ….」으로 표현한다.

C 1 How, expensive 2 What, deep
3 How, kind 4 What, tall
1, 3 how 감탄문은 「How+형용사/부사+주어+동사!」의 형태이다.
2, 4 what 감탄문은 「What+(a/an)+형용사+명사+주어+동사!」의 형태이다.

D 1 How about taking 2 Shall we have
3 What about going 4 Why don't we meet
1, 3 「How[What] about+(동)명사?」는 '…하는 게 어때?'의 의미이다.
2 「Shall we+동사원형 …?」은 '우리 …할래?'의 의미이다.
4 「Why don't we[you]+동사원형 …?」은 '우리[너] …하는 게 어때?'의 의미이다.

E 1 wasn't he, he was
2 is he, he isn't
3 didn't he / Yes, he did.
4 does he / Yes, he does.
1~4 부가의문문의 내용과 상관없이 대답의 내용이 긍정이면 Yes를, 부정이면 No를 쓴다.

F 1 Why, go 2 Bring
3 Let's, take 4 Don't, be

LEAP UP p.115

A 1 What a smart dog it is!
2 Don't run in the hallway.
3 Let's go to the bookstore.
4 The doctors were busy, weren't they?
5 Let's not ride the roller coaster.

B 1 Look at the blackboard.
2 Let's not play outside.
3 What a perfect plan (it is)!
4 Taylor sings very well, doesn't she?

REVIEW TEST UNIT 09 ~ 10 pp.116~117

1 ② 2 ③ 3 ④ 4 ② 5 ④ 6 ④
7 ③ 8 or 9 How 10 ③ 11 ③ 12 ①
13 ① 14 didn't, he
15 Because, I, was, hungry

3 ④ 접속사 and는 같은 종류의 말을 연결하므로, 빈칸에는 형용사가 들어가야 한다.
6 ④ '우리 …하는 게 어때?'라는 의미로 제안할 때는 「Why don't we+동사원형 …?」의 형태로 쓰는 것이 알맞다.
8 선택해야 하는 두 내용을 연결할 때는 접속사 or를 쓴다.
11 ③ 문장의 동사가 일반동사(visits)이므로, isn't를 doesn't로 고쳐야 올바른 문장이다.
14 문장이 긍정문이므로 부가의문문은 부정으로 만들고, 동사가 일반동사이고 과거시제이므로 didn't he가 알맞다.

지은이

NE능률 영어교육연구소

NE능률 영어교육연구소는 혁신적이며 효율적인 영어 교재를 개발하고
영어 학습의 질을 한 단계 높이고자 노력하는 NE능률의 연구조직입니다.

그래머버디 Level 3

펴 낸 이 주민홍
펴 낸 곳 서울특별시 마포구 월드컵북로 396(상암동) 누리꿈스퀘어 비즈니스타워 10층
(주)NE능률 (우편번호 03925)
펴 낸 날 2016년 1월 5일 개정판 제1쇄
2023년 4월 15일 제14쇄
전 화 02 2014 7114
팩 스 02 3142 0356
홈페이지 www.neungyule.com
등록번호 제 1-68호
I S B N 979-11-253-0968-0(63740)
정 가 10,000원

NE 능률

고객센터

교재 내용 문의 : contact.nebooks.co.kr (별도의 가입 절차 없이 작성 가능)
제품 구매, 교환, 불량, 반품 문의 : 02-2014-7114
☎ 전화문의는 본사 업무시간 중에만 가능합니다.

WORD TEST

DATE PARENTS TEACHER

다음 영어는 우리말로, 우리말은 영어로 쓰세요.

1 take a break
→ ______

2 weekend
→ ______

3 stay
→ ______

4 build
→ ______

5 bridge
→ ______

6 early
→ ______

7 bite
→ ______

8 outside
→ ______

9 수업, 교습
→ ______

10 보내다
→ ______

11 울다
→ ______

12 경주, 시합
→ ______

13 그리다
→ ______

14 무지개
→ ______

15 거짓말하다
→ ______

16 빨래를 하다
→ ______

UNIT 05 의문사

듣고 따라 말해 봅시다.

□ **hungry** [hʌ́ŋgri]	배고픈	□ **absent** [ǽbsənt]	결석한
□ **delicious** [dilíʃəs]	맛있는	□ **order** [ɔ́:rdər]	주문하다
□ **exercise** [éksərsàiz]	운동하다	□ **shop** [ʃɑ:p]	가게, 상점 / 쇼핑하다
□ **far** [fɑ:r]	떨어져, 멀리	□ **favorite** [féivərit]	매우 좋아하는
□ **kind** [kaind]	친절한 / 종류	□ **animal** [ǽnəml]	동물
□ **straw** [strɔ:]	빨대	□ **heavy** [hévi]	무거운
□ **sleepy** [slí:pi]	졸음이 오는	□ **upset** [ʌpsét]	속상한
□ **sport** [spɔ:rt]	운동, 스포츠	□ **subject** [sʌ́bdʒekt]	과목
□ **plant** [plænt]	심다	□ **the dentist's**	치과
□ **find** [faind]	찾다	□ **post office**	우체국

WORD TEST

DATE PARENTS TEACHER

다음 영어는 우리말로, 우리말은 영어로 쓰세요.

1 **upset**
→ ____________

2 **find**
→ ____________

3 **post office**
→ ____________

4 **delicious**
→ ____________

5 **exercise**
→ ____________

6 **favorite**
→ ____________

7 **hungry**
→ ____________

8 **shop**
→ ____________

9 과목
→ ____________

10 주문하다
→ ____________

11 심다
→ ____________

12 치과
→ ____________

13 친절한 / 종류
→ ____________

14 운동, 스포츠
→ ____________

15 빨대
→ ____________

16 졸음이 오는
→ ____________

UNIT 04 미래시제 2: 부정문과 의문문

듣고 따라 말해 봅시다.

□ **rainbow** [réinbòu]	무지개	□ **lesson** [lésn]	수업, 교습
□ **weekend** [wíːkènd]	주말	□ **send** [send]	보내다
□ **stay** [stei]	머무르다	□ **scary** [skéri]	무서운
□ **build** [bild]	짓다	□ **cry** [krai]	울다
□ **bridge** [bridʒ]	다리	□ **race** [reis]	경주, 시합
□ **early** [ə́ːrli]	일찍	□ **draw** [drɔː]	그리다
□ **bite** [bait]	물다	□ **tell a lie**	거짓말하다
□ **outside** [àutsáid]	밖에서	□ **grocery store**	식료품점, 슈퍼마켓
□ **leave** [liːv]	떠나다, 출발하다	□ **take a break**	휴식을 취하다
□ **drink** [drink]	마시다	□ **do the laundry**	빨래를 하다

WORD TEST

DATE PARENTS TEACHER

다음 영어는 우리말로, 우리말은 영어로 쓰세요.

1 take a shower
→ ______________

2 become
→ ______________

3 celebrate
→ ______________

4 rent
→ ______________

5 later
→ ______________

6 wonderful
→ ______________

7 see a doctor
→ ______________

8 travel
→ ______________

9 낮잠을 자다
→ ______________

10 비밀
→ ______________

11 동호회
→ ______________

12 다리미질하다
→ ______________

13 곧
→ ______________

14 활동
→ ______________

15 선물
→ ______________

16 시험
→ ______________

UNIT 06 비교급과 최상급

듣고 따라 말해 봅시다.

□ **cheap** [tʃiːp]	싼, 저렴한	□ **hill** [hil]	언덕
□ **mountain** [máuntn]	산	□ **grade** [greid]	성적 / 학년
□ **history** [hístəri]	역사	□ **place** [pleis]	장소
□ **thick** [θik]	두꺼운	□ **popular** [pάːpjələr]	인기 있는
□ **difficult** [dífikʌlt]	어려운	□ **safe** [seif]	안전한
□ **expensive** [ikspénsiv]	비싼	□ **question** [kwéstʃən]	문제, 질문
□ **wise** [waiz]	지혜로운	□ **important** [impɔ́ːrtənt]	중요한
□ **thin** [θin]	얇은, 가는	□ **health** [helθ]	건강
□ **weak** [wiːk]	약한	□ **bright** [brait]	밝은
□ **catch** [kætʃ]	잡다	□ **clever** [klévər]	영리한

WORD TEST

DATE PARENTS TEACHER

다음 영어는 우리말로, 우리말은 영어로 쓰세요.

1 hill
→ ____________

2 safe
→ ____________

3 question
→ ____________

4 clever
→ ____________

5 wise
→ ____________

6 mountain
→ ____________

7 expensive
→ ____________

8 catch
→ ____________

9 인기 있는
→ ____________

10 중요한
→ ____________

11 건강
→ ____________

12 싼, 저렴한
→ ____________

13 역사
→ ____________

14 약한
→ ____________

15 두꺼운
→ ____________

16 성적 / 학년
→ ____________

UNIT 03 미래시제 1

듣고 따라 말해 봅시다.

□ **become** [bikʌ́m]	…이 되다	□ **travel** [trǽvl]	여행하다
□ **soon** [su:n]	곧	□ **trip** [trip]	여행
□ **secret** [sí:krit]	비밀	□ **test** [test]	시험
□ **celebrate** [séləbrèit]	축하하다	□ **present** [prézənt]	선물
□ **text** [tekst]	(휴대전화로) 문자를 보내다	□ **activity** [æktívəti]	활동
□ **invite** [inváit]	초대하다	□ **airport** [érpɔ:rt]	공항
□ **rent** [rent]	빌리다	□ **wonderful** [wʌ́ndərfl]	멋진, 훌륭한
□ **club** [klʌb]	동호회	□ **take a shower**	샤워를 하다
□ **iron** [áiərn]	다리미질하다	□ **take a nap**	낮잠을 자다
□ **later** [léitər]	나중에	□ **see a doctor**	의사에게 진찰을 받다

WORD TEST

DATE PARENTS TEACHER

다음 영어는 우리말로, 우리말은 영어로 쓰세요.

1 real
→ ________

2 voice
→ ________

3 steal
→ ________

4 passport
→ ________

5 help
→ ________

6 turn on
→ ________

7 turn off
→ ________

8 fail
→ ________

9 빌리다
→ ________

10 묻다, 물어보다
→ ________

11 기억하다
→ ________

12 더 이상
→ ________

13 잊다
→ ________

14 희망 / 바라다
→ ________

15 잃어버리다 / 지다
→ ________

16 정시에, 제시간에
→ ________

UNIT 07 to부정사

듣고 따라 말해 봅시다.

□ **bark** [ba:rk]	(개가) 짖다	□ **person** [pə́:rsn]	사람
□ **honest** [ɑ́:nist]	정직한	□ **problem** [prɑ́:bləm]	문제
□ **promise** [prɑ́:mis]	약속하다	□ **decorate** [dékərèit]	장식하다
□ **try** [trai]	노력하다	□ **dessert** [dizə́:rt]	디저트
□ **easily** [í:zəli]	쉽게	□ **whisper** [wíspər]	속삭이다
□ **solve** [sɑ:lv]	해결하다	□ **wish** [wiʃ]	바람, 소망
□ **comb** [koum]	빗다, 빗질하다	□ **market** [mɑ́:rkit]	시장
□ **jewelry** [dʒú:əlri]	보석	□ **pass** [pæs]	통과하다 / 합격하다
□ **toilet** [tɔ́ilət]	화장실	□ **fall over**	넘어지다
□ **expect** [ikspékt]	기대하다	□ **catch a cold**	감기에 걸리다

WORD TEST

DATE PARENTS TEACHER

다음 영어는 우리말로, 우리말은 영어로 쓰세요.

1 bark
→ ____________

2 honest
→ ____________

3 promise
→ ____________

4 solve
→ ____________

5 fall over
→ ____________

6 jewelry
→ ____________

7 try
→ ____________

8 expect
→ ____________

9 사람
→ ____________

10 시장
→ ____________

11 속삭이다
→ ____________

12 바람, 소망
→ ____________

13 감기에 걸리다
→ ____________

14 디저트
→ ____________

15 빗다, 빗질하다
→ ____________

16 쉽게
→ ____________

UNIT 02 조동사 2: 부정문과 의문문

듣고 따라 말해 봅시다.

□ **real** [rí:əl]	진짜의	□ **steal** [sti:l]	훔치다
□ **lose** [lu:z]	잃어버리다 / 지다	□ **join** [dʒɔin]	함께 하다
□ **borrow** [bɑ́:rou]	빌리다	□ **voice** [vɔis]	목소리
□ **help** [help]	도와주다	□ **passport** [pǽspɔ:rt]	여권
□ **fail** [feil]	실패하다	□ **on time**	정시에, 제시간에
□ **full** [ful]	가득한 / 배부르게 먹은	□ **any more**	더 이상
□ **remember** [rimémbər]	기억하다	□ **make noise**	소란을 피우다
□ **forget** [fərgét]	잊다	□ **turn on**	(전기 등을) 켜다
□ **ask** [æsk]	묻다, 물어보다	□ **turn off**	(전기 등을) 끄다
□ **hope** [houp]	희망 / 바라다	□ **take a picture**	사진을 찍다

WORD TEST

DATE | PARENTS | TEACHER

다음 영어는 우리말로, 우리말은 영어로 쓰세요.

1 light
→ ______________

2 come
→ ______________

3 understand
→ ______________

4 truth
→ ______________

5 hard
→ ______________

6 save
→ ______________

7 win
→ ______________

8 exam
→ ______________

9 일본어
→ ______________

10 대부분의
→ ______________

11 청소하다 / 깨끗한
→ ______________

12 조심하는
→ ______________

13 자신의
→ ______________

14 양치하다
→ ______________

15 …에 닿다
→ ______________

16 멈추다, 서다
→ ______________

UNIT 08 동명사

듣고 따라 말해 봅시다.

□ **need** [ni:d]	필요로 하다	□ **often** [ɔ́:fn]	자주, 종종
□ **earth** [ə:rθ]	지구	□ **habit** [hǽbit]	습관
□ **nail** [neil]	손톱	□ **way** [wei]	방법 / 길
□ **yard** [jɑ:rd]	마당	□ **vegetable** [védʒtəbl]	채소
□ **keep** [ki:p]	유지하다, 계속 …하다	□ **suddenly** [sʌ́dnli]	갑자기
□ **mind** [maind]	꺼리다	□ **begin** [bigín]	시작하다
□ **alone** [əlóun]	혼자, 홀로	□ **choose** [tʃu:z]	선택하다
□ **finish** [fíniʃ]	끝내다	□ **give up**	포기하다
□ **avoid** [əvɔ́id]	피하다	□ **eat out**	외식하다
□ **enjoy** [indʒɔ́i]	즐기다	□ **try one's best**	최선을 다하다

WORD TEST

DATE PARENTS TEACHER

다음 영어는 우리말로, 우리말은 영어로 쓰세요.

1 need
→ ____________

2 earth
→ ____________

3 nail
→ ____________

4 try one's best
→ ____________

5 keep
→ ____________

6 mind
→ ____________

7 alone
→ ____________

8 begin
→ ____________

9 피하다
→ ____________

10 물어뜯다
→ ____________

11 자주, 종종
→ ____________

12 습관
→ ____________

13 방법 / 길
→ ____________

14 채소
→ ____________

15 갑자기
→ ____________

16 포기하다
→ ____________

UNIT 01 조동사 1

듣고 따라 말해 봅시다.

□ **most** [moust]	대부분의	□ **understand** [ʌ̀ndərstǽnd]	이해하다
□ **there** [ðer]	그곳에	□ **light** [lait]	전등 / 가벼운
□ **Japanese** [dʒæ̀pəníːz]	일본어	□ **win** [win]	이기다
□ **high** [hai]	높은, 높게	□ **exam** [igzǽm]	시험
□ **come** [kʌm]	오다	□ **clean** [kliːn]	청소하다 / 깨끗한
□ **careful** [kérfl]	조심하는	□ **hard** [hɑːrd]	단단한 / 어려운 / 열심히
□ **stop** [stɑːp]	멈추다, 서다	□ **truth** [truːθ]	사실, 진실
□ **save** [seiv]	구하다 / 저축하다	□ **actor** [ǽktər]	배우
□ **own** [oun]	자신의	□ **reach** [riːtʃ]	…에 닿다
□ **practice** [prǽktis]	연습하다	□ **brush one's teeth**	양치질을 하다

UNIT 09 접속사

듣고 따라 말해 봅시다.

□ **safely** [séifli]	안전하게	□ **enter** [éntər]	들어가다
□ **closed** [klouzd]	닫힌	□ **broken** [bróukən]	고장 난
□ **hold** [hould]	잡고 있다	□ **hurry** [hə́:ri]	서두르다
□ **noisy** [nɔ́izi]	시끄러운	□ **enough** [inʌ́f]	충분한
□ **meal** [mi:l]	식사	□ **depart** [dipɑ́:rt]	출발하다
□ **dark** [dɑ:rk]	어두운	□ **healthy** [hélθi]	건강한
□ **slim** [slim]	날씬한	□ **go out**	외출하다
□ **meat** [mi:t]	고기	□ **each other**	서로
□ **uniform** [jú:nifɔ̀:rm]	유니폼	□ **be on a diet**	다이어트 중인
□ **knock** [nɑ:k]	두드리다, 노크하다	□ **put on**	…을 입다

WORD TEST

DATE PARENTS TEACHER

다음 영어는 우리말로, 우리말은 영어로 쓰세요.

1 enter
→ ____________________

2 healthy
→ ____________________

3 slim
→ ____________________

4 closed
→ ____________________

5 noisy
→ ____________________

6 knock
→ ____________________

7 put on
→ ____________________

8 meal
→ ____________________

9 어두운
→ ____________________

10 안전하게
→ ____________________

11 외출하다
→ ____________________

12 충분한
→ ____________________

13 고장 난
→ ____________________

14 출발하다
→ ____________________

15 서두르다
→ ____________________

16 서로
→ ____________________

h	have [hæv]
m	miss [mis]
n	note [nout]
ŋ	sing [siŋ]
l	leg [leg]
r	run [rʌn]
j	yes [jes]
w	weak [wi:k]

☆ 모음 ☆

a	watch [wɑtʃ]
e	pet [pet]
i	wing [wiŋ]
o	grow [grou]
u	put [put]
æ	cat [kæt]
ʌ	peanut [pí:nʌ̀t]
ɔ	wall [wɔ:l]
ə	pilot [páilət]
ɛ	wear [wɛər]

발음 기호를 배워봅시다.

하나의 알파벳이 여러 소리를 가지고 있는 경우가 있어서 같은 알파벳이라도 단어에 따라 소리가 달라져요. 하지만 발음 기호를 알아두면 영어 단어를 정확하게 읽을 수 있답니다. 듣고 따라 하면서 발음 기호를 익혀봅시다.

★ 자음 ★

p	plate [pleit]	f	feed [fiːd]
b	bad [bæd]	v	visit [vízit]
t	toy [tɔi]	θ	thing [θiŋ]
d	did [did]	ð	they [ðei]
k	cozy [kóuzi]	s	see [siː]
g	get [get]	z	zoo [zuː]
tʃ	chew [tʃuː]	ʃ	ship [ʃip]
dʒ	job [dʒɑb]	ʒ	vision [víʒən]

UNIT 10 여러 가지 문장

듣고 따라 말해 봅시다.

□ **cross** [krɔːs]	건너다	□ **lawyer** [lɔ́ːjər]	변호사
□ **straight** [streit]	똑바로, 곧장	□ **judge** [dʒʌdʒ]	판사
□ **painter** [péintər]	화가	□ **scared** [skerd]	무서워하는, 겁먹은
□ **dirty** [də́ːrti]	더러운	□ **perfect** [pə́ːrfikt]	완벽한
□ **pick** [pik]	고르다 / (꽃을) 꺾다	□ **lovely** [lʌ́vli]	훌륭한, 멋진
□ **park** [pɑːrk]	공원 / 주차하다	□ **hallway** [hɔ́ːlwèi]	복도
□ **first** [fəːrst]	우선, 맨 먼저	□ **bookstore** [búkstɔ̀ːr]	서점
□ **deep** [diːp]	깊은	□ **blackboard** [blǽkbɔ̀ːrd]	칠판
□ **theater** [θíːətər]	극장	□ **plan** [plæn]	계획
□ **station** [stéiʃən]	역, 정류장	□ **these days**	요즘에는

WORD TEST

DATE | PARENTS | TEACHER

다음 영어는 우리말로, 우리말은 영어로 쓰세요.

1 **cross**
→ ______________

2 **straight**
→ ______________

3 **painter**
→ ______________

4 **dirty**
→ ______________

5 **scared**
→ ______________

6 **park**
→ ______________

7 **first**
→ ______________

8 **deep**
→ ______________

9 극장
→ ______________

10 역, 정류장
→ ______________

11 변호사
→ ______________

12 판사
→ ______________

13 복도
→ ______________

14 서점
→ ______________

15 칠판
→ ______________

16 완벽한
→ ______________

초등학생의 영어 친구

그래머버디 단어장

3

초등학생의 영어 친구

그래머버디

단어장

3

NE 능률

NE능률 교재 MAP

문법 구문

아래 교재 MAP을 참고하여 본인의 현재 혹은 목표 수준에 따라 교재를 선택하세요.
NE능률 교재들과 함께 영어실력을 쑥쑥~ 올려보세요!
MP3 등 교재 부가 학습 서비스 및 자세한 교재 정보는 www.nebooks.co.kr 에서 확인하세요.

초1-2

초3
- 그래머버디 1
- 초등영어 문법이 된다 Starter 1

초3-4
- 그래머버디 2
- 초등영어 문법이 된다 Starter 2
- 초등 Grammar Inside 1
- 초등 Grammar Inside 2

초4-5
- 그래머버디 3
- Grammar Bean 1
- Grammar Bean 2
- 초등영어 문법이 된다 1
- 초등 Grammar Inside 3
- 초등 Grammar Inside 4

초5-6
- Grammar Bean 3
- Grammar Bean 4
- 초등영어 문법이 된다 2
- 초등 Grammar Inside 5
- 초등 Grammar Inside 6

초6-예비중
- 능률중학영어 예비중
- Grammar Inside Starter
- 원리를 더한 영문법 STARTER

중1
- 능률중학영어 중1
- Grammar Zone 입문편
- Grammar Zone 워크북 입문편
- 1316팬클럽 문법 1
- 문제로 마스터하는 중학영문법 1
- Grammar Inside 1
- 열중 16강 문법 1
- 쓰기로 마스터하는 중학서술형 1학년

중1-2
- 능률중학영어 중2
- 1316팬클럽 문법 2
- 문제로 마스터하는 중학영문법 2
- Grammar Inside 2
- 열중 16강 문법 2
- 고득점 독해를 위한 중학 구문 마스터 1
- 원리를 더한 영문법 1
- 중학영문법 총정리 모의고사 1

중2-3
- Grammar Zone 기초편
- Grammar Zone 워크북 기초편
- 고득점 독해를 위한 중학 구문 마스터 2
- 원리를 더한 영문법 2
- 중학영문법 총정리 모의고사 2
- 쓰기로 마스터하는 중학서술형 2학년
- 천문장 입문

중3
- 능률중학영어 중3
- 1316팬클럽 문법 3
- 문제로 마스터하는 중학영문법 3
- Grammar Inside 3
- 열중 16강 문법 3
- 고득점 독해를 위한 중학 구문 마스터 3
- 중학영문법 총정리 모의고사 3
- 쓰기로 마스터하는 중학서술형 3학년

예비고-고1
- 문제로 마스터하는 고등영문법
- 올클 수능 어법 start
- 천문장 기본

고1
- Grammar Zone 기본편 1
- Grammar Zone 워크북 기본편 1
- Grammar Zone 기본편 2
- Grammar Zone 워크북 기본편 2
- 필히 통하는 고등영문법 기본
- 필히 통하는 고등 서술형 기본편

고1-2
- 필히 통하는 고등영문법 실력편
- TEPS BY STEP G+R Basic
- 필히 통하는 고등 서술형 실전편

고2-3
- Grammar Zone 종합편
- Grammar Zone 워크북 종합편
- 올클 수능 어법 완성
- 천문장 완성

고3

수능 이상/ 토플 80-89 · 텝스 600-699점
- TEPS BY STEP G+R 1

수능 이상/ 토플 90-99 · 텝스 700-799점
- TEPS BY STEP G+R 2

수능 이상/ 토플 100 · 텝스 800점 이상
- TEPS BY STEP G+R 3

초등학생의 영어 친구

그래머버디

WORKBOOK

3

NE 능률

초등학생의 영어 친구

그래머버디

WORKBOOK

3

UNIT 01 조동사 1

A 다음 문장에서 조동사에 O 하세요.

1 Fiona may be sick.

2 Birds can sing.

3 We must drink a lot of water.

4 You may leave the classroom now.

5 You must do your homework right away.

6 This robot can clean your house.

B ( ) 안에서 알맞은 것을 고르세요.

1 They may (are / be) tired now.

2 Anna (ride can / can ride) a bike.

3 I have to (save / saving) money.

4 You may (visit / visited) me on Saturday.

5 Sam is able to (speak / speaks) Korean well.

6 Jenny can (bake / bakes) delicious cookies.

7 You must (are / be) polite to other people.

8 Tom must (get / gets) up early tomorrow.

Vocabulary

A
classroom 교실
right away 즉시
robot 로봇
clean 청소하다

B
tired 피곤한
save 모으다, 저축하다
polite 예의 바른
bake (음식을) 굽다
other 다른
get up 일어나다

C 밑줄 친 조동사의 의미를 골라 그 기호를 쓰세요.

ⓐ …할 수 있다	ⓑ …해도 된다
ⓒ …일지도 모른다	ⓓ …해야 한다

1 You <u>can</u> come in. ____________

2 You <u>may</u> play in the afternoon. ____________

3 It <u>may</u> snow tomorrow. ____________

4 We <u>must</u> wait for him here. ____________

5 I <u>can</u> answer this question. ____________

6 You <u>can</u> go out after dinner. ____________

7 You <u>must</u> be careful with knives. ____________

8 Your glasses <u>may</u> be in the car. ____________

9 These kites <u>can</u> fly very high. ____________

10 You <u>can</u> have this piece of cake. ____________

11 David <u>must</u> return those books today. ____________

12 The man <u>may</u> live near this building. ____________

13 The soccer player <u>must</u> take a break. ____________

14 You <u>may</u> take pictures inside the gallery. ____________

Vocabulary

C
wait 기다리다
careful 조심하는, 주의 깊은
kite 연
piece 조각
return 돌려주다, 반납하다
take a break 휴식을 취하다
inside …의 안에
gallery 미술관, 화랑

D 다음 우리말과 같은 뜻이 되도록 can, may, must 중 알맞은 조동사를 쓰세요.

1 도서관에서는 조용히 해야 한다.

→ You ____________ be quiet in the library.

2 그는 직장에 늦을지도 모른다.

→ He ____________ be late for work.

3 앨리스는 매우 빨리 달릴 수 있다.

→ Alice ____________ run very fast.

4 엄마는 너의 선물을 좋아실지도 모른다.

→ Mom ____________ like your present.

E 다음 우리말과 같은 뜻이 되도록 ( ) 안의 말을 바르게 배열하세요.

1 그 소년은 말을 탈 수 있다. (to / a horse / able / ride / is)

→ The boy ________________________________.

2 너는 영어로 대답해야 한다. (answer / in English / must)

→ You ________________________________.

3 그들은 내 이름을 알지도 모른다. (may / my name / know)

→ They ________________________________.

4 너는 지금 TV를 봐도 된다. (watch / now / TV / can)

→ You ________________________________.

Vocabulary

D

quiet 조용한
present 선물

E

horse 말
answer 대답하다
know 알다

F 다음 문장을 우리말로 해석하세요.

1 Her story may be false.

→ ______________________________

2 He can fix this computer easily.

→ ______________________________

3 They have to clean the room.

→ ______________________________

4 You may use my cell phone.

→ ______________________________

5 You must take off shoes here.

→ ______________________________

6 We may move to the city this year.

→ ______________________________

7 You can eat ice cream after dinner.

→ ______________________________

8 Kids must go to bed before nine o'clock.

→ ______________________________

Vocabulary

F

false 틀린, 사실이 아닌
fix 고치다
easily 쉽게, 수월하게
use 사용하다
cell phone 휴대 전화
take off 벗다
move 이사하다
this year 올해
before … 전에

UNIT 02 조동사 2: 부정문과 의문문

A 다음 밑줄 친 부분을 부정형으로 바꿔 쓰세요.

1 You may get up late. → ________

2 My sister can drive a car. → ________

3 He must eat something now. → ________

4 Jack can join our soccer club. → ________

5 They may come to the party tonight. → ________

B 밑줄 친 조동사의 의미를 골라 그 기호를 쓰세요.

ⓐ …할 수 있니? ⓑ …해도 될까(요)? ⓒ …해주겠니?

1 Can you remember my name? ________

2 Can the monkey dance? ________

3 May I bring my dog here? ________

4 Can I ask you a question? ________

5 Can you call me later? ________

6 Can Kelly make chicken soup? ________

Vocabulary

A
something 어떤 것
join 가입하다
club 동호회

B
remember 기억하다
bring
가져오다, 데려오다
ask 묻다
question 질문

C 다음 빈칸에 들어갈 알맞은 말을 쓰세요.

1 A: May I sit here? B: Yes, _____ _____.

2 A: Can eagles fly high? B: Yes, _____ _____.

3 A: May I talk to her? B: No, _____ _____ _____.

4 A: Can she speak French? B: Yes, _____ _____.

5 A: Can I swim here? B: No, _____ _____.

D ( ) 안에서 알맞은 것을 고르세요.

1 (Can / Can not) I watch TV?

2 May (try I / I try) on this jacket?

3 (Can I / Do I can) ride my bike here?

4 The story may not (be / is) interesting.

5 You may not (use / used) the elevator.

6 Can you (bring / brought) me the newspaper?

7 The woman cannot (speak / speaks) Japanese.

8 We must (cross not / not cross) the road at a red light.

9 Can you (turn / turning) down the volume?

Vocabulary

C
fly 날다
high 높게
talk 말하다, 이야기하다
French 프랑스어

D
try on …을 입어보다
interesting 재미있는, 흥미로운
elevator 엘리베이터
newspaper 신문
cross 건너다
red light 빨간 신호등, 정지 신호
turn down 줄이다
volume 음량

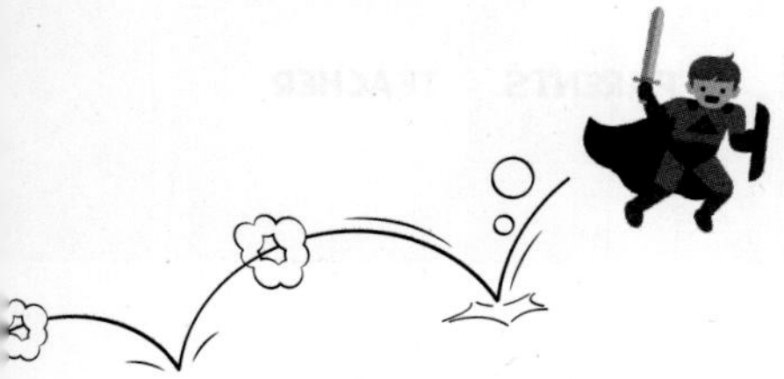

E 다음 빈칸에 들어갈 말로 알맞은 것을 고르세요.

1 I'm so tired today. __________ go home early?

☐ May I ☐ May you

2 You __________ cheat on the exam. It's not good.

☐ must ☐ must not

3 I'm free all day. I __________ go shopping with you.

☐ can ☐ can't

4 I didn't bring my pencil case. __________ borrow a pen?

☐ Can I ☐ Can you

5 This is a secret. You __________ tell anyone about it.

☐ must ☐ must not

6 Her son __________ walk. He is only ten months old.

☐ can't ☐ must not

7 This gift box is for Susan. You __________ open it.

☐ may ☐ may not

8 I'm going to your house __________ tell me the address again?

☐ May you ☐ Can you

9 The roads are too busy. We __________ arrive on time.

☐ may ☐ may not

Vocabulary

E

cheat 부정행위를 하다
exam 시험
free 한가한
pencil case 필통
secret 비밀
about …에 관해
walk 걷다
address 주소
again 한 번 더
busy 바쁜; *붐비는
arrive 도착하다

F 우리말과 같은 뜻이 되도록 주어진 단어를 이용하여 문장을 완성하세요.

1 그는 첼로를 연주할 수 있나요? (play)

→ ________ ________ ________ the cello?

2 제게 소금을 건네주시겠어요? (pass)

→ ________ ________ ________ me the salt?

3 너는 그 비밀번호를 잊어서는 안 된다. (forget)

→ ________ ________ ________ ________ the password.

4 그녀는 회의에 오지 않을지도 모른다. (come)

→ ________ ________ ________ ________ to the meeting.

G 다음 문장에서 틀린 부분을 고쳐 문장을 다시 쓰세요.

1 May I saw your ticket?

→ ________________________________

2 Michael may not knows the answer.

→ ________________________________

3 You must park not in the building.

→ ________________________________

4 Can solve the students the puzzle?

→ ________________________________

Vocabulary

F
cello 첼로
pass 건네주다
forget 잊다
password 비밀번호
meeting 회의

G
answer 정답
park 주차하다
solve 풀다, 해결하다
puzzle 퍼즐

UNIT 03 미래시제 1

A 다음 중 미래를 나타내는 문장에 ✓ 하세요.

1 It is going to rain tomorrow. ☐

2 They are going to school together. ☐

3 Cindy will come back to Korea soon. ☐

4 Jim fought with his brother last night. ☐

5 I am going to be a great tennis player. ☐

6 They are building a hospital here. ☐

7 David is going to buy a new pair of shoes. ☐

8 Jennifer will be fourteen years old next year. ☐

B 다음 문장을 우리말과 바르게 연결하세요.

1 It was a sunny day. • • a 화창한 날이다.
It is a sunny day. • • b 화창한 날이었다.
It will be a sunny day. • • c 날이 화창할 것이다.

2 She went home. • • a 그녀는 집에 갔다.
She goes home. • • b 그녀는 집에 간다.
She will go home. • • c 그녀는 집에 갈 것이다.

Vocabulary

A

rain 비가 오다
together 함께, 같이
soon 곧
fight 싸우다
tennis player 태니스 선수
build 짓다
pair 한 쌍, 한 켤레

B

sunny 화창한

DATE PARENTS TEACHER

C 다음 문장의 밑줄 친 부분을 줄임형으로 쓰세요.

1 He will be late for work. ____________

2 You will enjoy this concert. ____________

3 You are going to pass the audition. ____________

4 They will go fishing next weekend. ____________

5 I am going to visit my grandparents. ____________

6 We will go to the toy festival tomorrow. ____________

7 She is going to arrive at the airport soon. ____________

Vocabulary

C
concert 콘서트
pass 통과하다
audition 오디션
weekend 주말
festival 축제
airport 공항

D ( ) 안에서 알맞은 것을 고르세요.

1 It is going to (be / is) an exciting show.

2 Our team will (wins / win) the game.

3 We will (go / going) out for dinner soon.

4 They're (will / going to) practice the violin.

5 He is going to (study / studies) for the test.

6 It'll (is / be) cloudy tomorrow morning.

7 Gavin is going to (sing / sang) for you.

D
exciting 신나는
show 쇼, 공연
win 이기다
practice 연습하다
test 시험
cloudy
구름이 잔뜩 낀

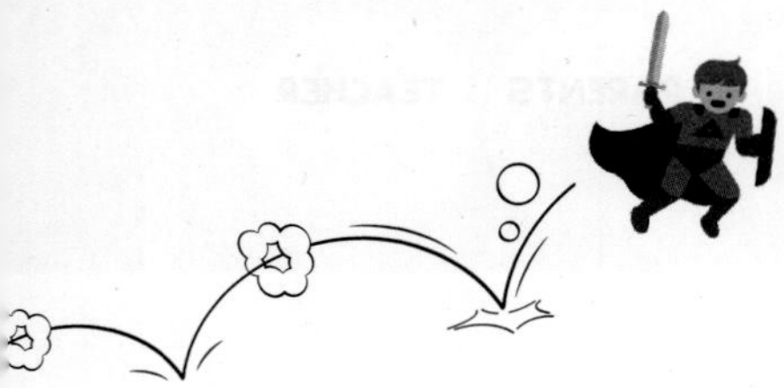

E 주어진 단어와 be going to를 이용하여 빈칸에 알맞은 말을 쓰세요.

1 The train ______________ soon. (arrive)

2 I ______________ a doctor. (see)

3 I ______________ Europe next month. (visit)

4 They ______________ a birthday party. (have)

5 Ally ______________ busy tomorrow. (be)

6 You ______________ a train to Busan. (take)

7 He ______________ to Tokyo this year. (move)

F 〈보기〉의 단어와 will을 이용하여 빈칸에 알맞은 말을 쓰세요.

〈보기〉 become watch cook plant buy call

1 She ______________ my name soon.

2 They ______________ dinner tonight.

3 Ann and I ______________ a scary movie.

4 We ______________ a tree in the yard.

5 I ______________ some flowers for Mom.

6 I ______________ a good singer in the future.

Vocabulary

E

Europe 유럽
see a doctor 진찰을 받다
month 달, 월
move 이사하다

F

become …이 되다
plant 심다
buy 사다
call 부르다
yard 마당
in the future 미래에
scary 무서운

G 주어진 말을 이용하여 다음 문장을 미래시제로 바꿔 쓰세요.

1 Sally sold her car to Tony. (will)

→ ______________________________

2 My uncle is a science teacher. (will)

→ ______________________________

3 I met her in front of the library. (be going to)

→ ______________________________

4 Mary and I order pasta for lunch. (be going to)

→ ______________________________

5 They finished their homework. (will)

→ ______________________________

6 The boy went to bed early at night. (will)

→ ______________________________

7 We played the game for 30 minutes. (be going to)

→ ______________________________

8 The musical begins at eight o'clock. (be going to)

→ ______________________________

Vocabulary

G

sell 팔다
science 과학
meet 만나다
in front of …의 앞에
order 주문하다
pasta 파스타
finish 끝내다
homework 숙제
early 일찍
musical 뮤지컬
begin 시작하다

UNIT 04 미래시제 2: 부정문과 의문문

A 다음 문장에서 not이 들어갈 위치에 ✓ 하세요.

1 Jason ① will ② tell ③ you ④ the truth.

2 It ① will ② be ③ a very ④ difficult game.

3 The concert ① is ② going ③ to ④ start soon.

4 You ① will ② be ③ twenty years old ④ next year.

5 The ① man ② is ③ going ④ to build his house.

6 I'm ① going ② to ③ learn ④ Japanese this year.

7 They ① are ② going ③ to watch ④ the baseball game.

B 다음 문장의 밑줄 친 부분을 줄임형으로 쓰세요.

1 My parents will not like my pet. ____________

2 I am not going to call her again. ____________

3 Alex is not going to come home early. ____________

4 You are not going to visit the museum. ____________

5 He is not going to exercise at the gym. ____________

6 Sam will not spend his vacation on Jeju Island.

____

Vocabulary

A
truth 사실
difficult 어려운
start 시작하다
build 짓다
learn 배우다
baseball game
야구 경기

B
call 부르다
museum 박물관
exercise 운동하다
gym 체육관
spend (시간을) 쓰다
vacation 방학, 휴가

C 다음 빈칸에 들어갈 말로 알맞은 것에 ✓ 하세요.

1 ________ Mason take a bath? ☐Will ☐Is

2 ________ they miss their flight? ☐Will ☐Are

3 ________ you going to marry Ben? ☐Will ☐Are

4 ________ you paint the kitchen wall? ☐Will ☐Are

5 ________ I going to stay in that room? ☐Will ☐Am

6 ________ Julie going to travel alone? ☐Will ☐Is

D ( ) 안에서 알맞은 것을 고르세요.

1 Will you (agree / agreeing) with their ideas?

2 Is she (go / going) to turn on the heater?

3 You're not going to (fail / failing) the test.

4 (Do / Are) Nora and James going to open a café?

5 They (not will / will not) make a mistake again.

6 The weather (isn't / won't) be good tomorrow.

7 Will your parents (be / is) home this evening?

8 Paul (isn't / doesn't) going to visit Korea next year.

Vocabulary

C
take a bath 목욕을 하다
miss 놓치다
flight 비행기
marry …와 결혼하다
wall 벽
paint 페인트칠하다
stay 머무르다
alone 혼자

D
agree 동의하다
turn on …을 켜다
heater 난방기
fail 실패하다, 시험에 떨어지다
make a mistake 실수를 하다

E 다음 빈칸에 알맞은 말을 써서 대화를 완성하세요.

1 A: Will Alice go by taxi?
B: No, __________ __________.

2 A: __________ you going to take piano lessons?
B: Yes, __________ __________.

3 A: __________ __________ go to the grocery store?
B: Yes, I will. I need some onions.

4 A: __________ he going to get a haircut tomorrow?
B: No, __________ __________.

F 두 문장이 같은 뜻이 되도록 빈칸에 알맞은 말을 쓰세요.

1 I'm not going to play outside.
→ __________ __________ play outside.

2 Are you going to buy a new cell phone?
→ __________ __________ buy a new cell phone?

3 My dogs will not bite.
→ My dogs __________ __________ __________
__________ bite.

4 Will it rain tomorrow?
→ __________ __________ __________ __________ rain tomorrow?

Vocabulary

E
by taxi 택시로
lesson 수업
grocery store 식품점, 슈퍼마켓
need 필요로 하다
get a haircut 이발하다

F
outside 밖에서
bite 물다

G 우리말과 같은 뜻이 되도록 〈보기〉의 단어를 이용하여 문장을 완성하세요.

〈보기〉 invite answer wash remember

1 나는 그 질문에 대답하지 않을 것이다.

→ I will __________ __________ the question.

2 그들이 내 이름을 기억할까?

→ __________ they __________ my name?

3 너는 오늘 세차할 거니?

→ Are __________ __________ __________ __________ your car today?

4 우리는 많은 사람들을 초대하지 않을 것이다.

→ We __________ __________ __________ __________ many people.

H 다음 문장을 ( ) 안의 지시대로 바꿀 때, 빈칸에 알맞은 말을 쓰세요.

1 I will go to the hospital alone. (부정문)

→ ________________________ to the hospital alone.

2 John is going to join the book club. (의문문)

→ ________________________ the book club?

3 Lucy will bring a dessert to the party. (의문문)

→ ________________________ a dessert to the party?

Vocabulary

G
invite 초대하다
remember 기억하다

H
join 가입하다
book club 독서 클럽
bring 가져오다
dessert 디저트

UNIT 05 의문사

A 다음 의문사를 우리말과 바르게 연결하세요.

1 where •	• a 누구
2 why •	• b 언제
3 how •	• c 어디에
4 when •	• d 무엇
5 what •	• e 어떻게
6 who •	• f 왜

B ( ) 안에서 알맞은 것을 고르세요.

1 What (is / are) that in your hand?

2 How tall (is / are) your little sister?

3 What color (do / does) you like?

4 How (many / much) is that white shirt?

5 Who (did / was) the woman next to you?

6 When (was / did) you practice the guitar?

7 How many pineapples (is / are) there in the box?

Vocabulary

B
little sister 여동생
next to … 옆에
practice 연습하다
pineapple 파인애플

C 다음 질문에 대한 알맞은 대답을 골라 그 기호를 쓰세요.

ⓐ I missed the bus.	ⓑ No, he doesn't.
ⓒ I'm a soccer fan.	ⓓ It's August 21.
ⓔ It's on your bed.	ⓕ Yes, I am.

1 Why are you late today? ____________

2 Where is my cell phone? ____________

3 When is Sean's birthday? ____________

4 Does he often visit you? ____________

5 What sports do you like? ____________

6 Are you reading a book? ____________

D 다음 빈칸에 알맞은 말을 〈보기〉에서 골라 쓰세요.

〈보기〉 much old far often many

1 How ____________ is your daughter?

2 How ____________ time do you have?

3 How ____________ books did you buy?

4 How ____________ do you go swimming?

5 How ____________ is it to the grocery store?

Vocabulary

C
fan 팬, 애호가
August 8월
bed 침대
sport 스포츠, 운동

D
far …만큼 떨어져(멀리)
daughter 딸
time 시간

E 다음 빈칸에 알맞은 말을 써서 밑줄 친 부분을 묻는 의문문을 완성하세요.

1 Jenny is in the living room.
→ ______ is the girl in the living room?

2 I ate a tuna sandwich.
→ ______ ______ you eat?

3 He goes to school by bus.
→ ______ ______ he go to school?

4 She put the basket under the table.
→ ______ ______ she put the basket?

5 It's purple.
→ ______ ______ ______ your umbrella?

6 The ring is 50 dollars.
→ ______ ______ ______ the ring?

7 Lisa takes a shower in the morning.
→ ______ ______ Lisa take a shower?

8 Richard has three dogs.
→ ______ ______ ______ ______
Richard have?

Vocabulary

E

living room 거실
tuna 참치
by bus 버스로
put 놓다, 두다
basket 바구니
under … 아래에
umbrella 우산
ring 반지
take a shower
샤워를 하다

F 우리말과 같은 뜻이 되도록 (   ) 안의 말을 바르게 배열하세요.

1 그의 전화번호는 무엇이니?
(is / what / phone number / his)
→ ______________________________

2 그들은 그 지갑을 어디서 찾았니?
(did / the wallet / where / find / they)
→ ______________________________

3 어떤 치수를 원하세요? (you / what / do / size / want)
→ ______________________________

4 그 목걸이는 얼마인가요? (the necklace / much / how / is)
→ ______________________________

5 그는 그녀를 언제 만났니? (when / meet / he / did / her)
→ ______________________________

6 너는 왜 나에게 전화를 했니? (you / did / call / why / me)
→ ______________________________

7 네가 가장 좋아하는 가수는 누구니?
(is / singer / your / who / favorite)
→ ______________________________

8 케빈은 어떻게 의사가 되었니?
(did / a doctor / how / Kevin / become)
→ ______________________________

Vocabulary

F
find 찾다
wallet 지갑
size 치수
necklace 목걸이
meet 만나다
favorite 가장 좋아하는
become …이 되다

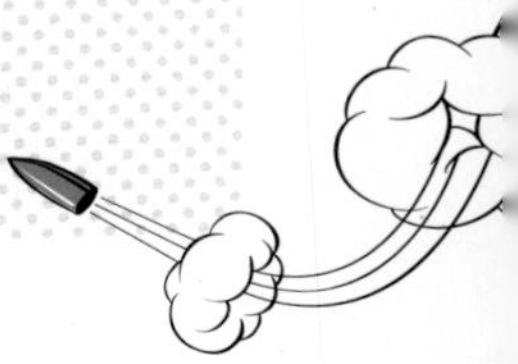

UNIT 06 비교급과 최상급

A 다음 단어의 비교급과 최상급을 쓰세요.

	원급		비교급		최상급
1	deep	–	________	–	________
2	fat	–	________	–	________
3	late	–	________	–	________
4	bad	–	________	–	________
5	small	–	________	–	________
6	wise	–	________	–	________
7	easy	–	________	–	________
8	much	–	________	–	________
9	big	–	________	–	________
10	large	–	________	–	________
11	little	–	________	–	________
12	early	–	________	–	________
13	careful	–	________	–	________
14	delicious	–	________	–	________
15	expensive	–	________	–	________

Vocabulary

A
deep 깊은
fat 뚱뚱한, 살찐
bad 나쁜, 안 좋은
wise 현명한
easy 쉬운
early 이른, 빠른
careful 조심스러운
delicious 맛있는
expensive 비싼

B ( ) 안에서 알맞은 것을 고르세요.

1 August is hotter (as / than) July.

2 Brian is younger than (me / mine).

3 It is (an / the) oldest church in the city.

4 Women usually live (long / longer) than men.

5 It is the (more / most) famous scene in the movie.

6 This jacket looks (nicer / more nice) than that one.

7 Silvia is as (beautiful / more beautiful) as her mother.

C 주어진 단어를 빈칸에 알맞은 형태로 쓰세요.

1 This cell phone is as ____________ as yours. (thin)

2 He is a ____________ player than Ronaldo. (good)

3 It was the ____________ day of my life. (happy)

4 This book is as ____________ as a dictionary. (thick)

5 Rita spent ____________ money than Nate. (much)

6 Love is ____________ than money. (important)

7 Winter is the ____________ time of the year. (cold)

Vocabulary

B
August 8월
July 7월
church 교회
city 도시
usually 보통, 대개
famous 유명한
scene 장면
beautiful 아름다운

C
thin 얇은
player 선수, 참가자
thick 두꺼운
dictionary 사전
spend (돈 · 시간을) 쓰다
year 해, 년

D 우리말과 같은 뜻이 되도록 (   ) 안의 말을 바르게 배열하세요.

1 이 스웨터가 제일 인기 있다. (is / the / popular / most)
→ This sweater ______________________.

2 그 공은 풍선만큼 가볍다. (as / is / a balloon / light / as)
→ The ball ______________________.

3 네 배낭은 내 것만큼 오래되었다. (old / as / is / mine / as)
→ Your backpack ______________________.

4 러시아는 세계에서 가장 큰 나라이다.
(the / country / Russia / largest / is)
→ ______________________ in the world.

5 우리 형은 나보다 친구가 더 많다.
(me / has / friends / than / more)
→ My brother ______________________.

6 오늘은 어제보다 더 따뜻하다.
(than / warmer / is / yesterday)
→ Today ______________________.

7 그녀는 나보다 더 일찍 떠났다.
(me / left / than / earlier)
→ She ______________________.

8 건강이 인생에서 가장 중요하다.
(health / most / important / the / is)
→ ______________________ thing in life.

Vocabulary

D
popular 인기 있는
light 가벼운
backpack 배낭, 책가방
country 국가, 나라
warm 따뜻한, 따스한
leave 떠나다
health 건강
important 중요한
thing (사물을 가리키는) 것
life 삶, 인생

E 다음 우리말과 같은 뜻이 되도록 〈보기〉의 단어를 이용하여 문장을 완성하세요.

〈보기〉	bad	good	fast	comfortable
	tall	hard	well	interesting

1 그는 최고의 가수였다.

→ He was ______________ singer.

2 나는 너보다 더 빨리 달릴 수 있다.

→ I can run ______________ you.

3 이 소파는 저 소파만큼 편안하다.

→ This sofa is ______________ that sofa.

4 그의 점수는 내 것보다 더 나빴다.

→ His score was ______________ mine.

5 닉은 가족 중에서 가장 키가 크다.

→ Nick is ______________ in his family.

6 아빠는 엄마만큼 요리를 잘 한다.

→ Dad cooks ______________ mom.

7 그것은 이 책에서 가장 흥미로운 이야기이다.

→ It is ______________ story in this book.

8 우리 팀은 저 팀보다 더 열심히 연습할 것이다.

→ Our team will practice ______________ that team.

Vocabulary

E

comfortable 편안한
hard 열심히 하는
well 잘
interesting 흥미로운, 재미있는
sofa 소파
score 점수
cook 요리하다
story 이야기
team 팀, 단체
practice 연습하다

UNIT 07 to부정사

A ( ) 안에서 알맞은 것을 고르세요.

1 She began (study / to study) hard.

2 It's time (to go / going) to bed.

3 He hopes (make / to make) many friends.

4 He went to the park (take / to take) a walk.

5 (Eat / To eat) fruit and vegetables is helpful.

6 I rented a bike (get / to get) around the island.

7 Josh promised (helped / to help) his mother often.

B 다음 문장에서 to가 들어갈 위치에 ✓ 하세요.

1 It ① began ② rain ③ suddenly.

2 My job ① is ② train ③ dolphins.

3 Janet ① called ② me ③ say hello.

4 We ① need ② someone ③ help us.

5 She ① had ② enough money ③ take a taxi.

6 ① watch ② baseball game is ③ exciting.

7 This is ① a good chance ② become ③ a singer.

Vocabulary

A
hope 바라다
make friends (친구를) 사귀다
take a walk 산책하다
vegetable 채소
helpful 도움이 되는
rent 빌리다
get around 돌아다니다
promise 약속하다
help 돕다

B
suddenly 갑자기
train 훈련시키다
dolphin 돌고래
say hello 안부를 전하다
someone 어떤 사람, 누군가
enough 충분한
exciting 신나는
chance 기회

C 밑줄 친 to부정사의 역할로 알맞은 것을 골라 그 기호를 쓰세요.

ⓐ 주어　　ⓑ 목적어　　ⓒ 보어

1 You need to take a rest. ________

2 Not to be late is important. ________

3 I didn't expect to win the race. ________

4 To visit new places is always fun. ________

5 To learn a new language is not easy. ________

6 Henry's hobby is to play tennis. ________

7 Her dream is to become a ballerina. ________

D 다음 문장에서 to부정사에 O 하고 to부정사가 꾸며주는 말에 밑줄을 그으세요.

1 We need some time to think.

2 Do you have something to drink?

3 This is a subway to go to my school.

4 I have some questions to ask you.

5 He doesn't have any money to spend.

6 Did you buy pants to wear tomorrow?

Vocabulary

C
take a rest 휴식을 취하다
important 중요한
expect 기대하다, 예상하다
place 장소
language 언어
ballerina 발레리나

D
some 약간의, 몇몇의
think 생각하다
subway 지하철
question 질문
ask 묻다
pants 바지

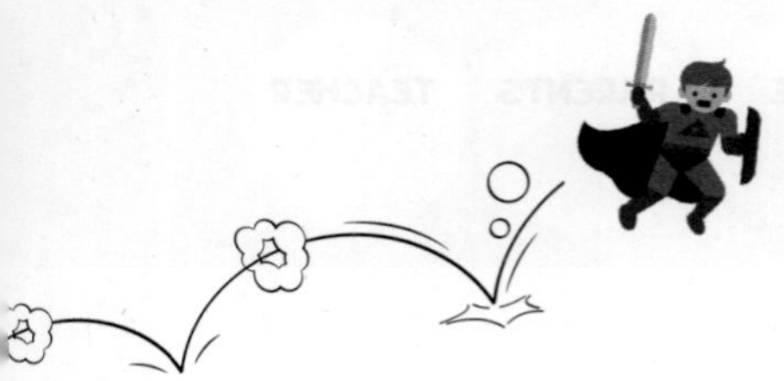

E 밑줄 친 to부정사의 쓰임을 찾은 후, 우리말로 해석하세요.

ⓐ 명사　　ⓑ 형용사　　ⓒ 부사

1 His job is to help sick people. ⓐ 돕는 것

2 To cook is not easy. ________

3 Did you forget to lock the door? ________

4 She has a lot of homework to do. ________

5 We have something to tell you. ________

6 Do you have time to go shopping? ________

7 They came early to get good seats. ________

8 Nate studied hard not to fail the exam. ________

9 There are many places to see in Rome. ________

10 Tim exercises to become healthy. ________

11 Their plan is to travel around Europe. ________

12 You must show ID to enter this building. ________

Vocabulary

E

job 직업
sick 아픈
people 사람들
lock 잠그다
a lot of 많은
get 얻다
seat 자리, 좌석
exam 시험
place 장소
see 보다
enter 들어가다
exercise 운동하다
healthy 건강한
plan 계획
travel 여행하다
ID 신분증

F 주어진 단어를 이용하여 빈칸에 알맞은 말을 쓰세요.

1 I practice tennis ____________ a good player. (be)

2 He saves money ____________ a new computer. (buy)

3 She needs some eggs ____________ cookies. (make)

4 Jane is happy ____________ camping with Paul. (go)

5 Mr. Jones brought a map ____________ us. (show)

6 I'm going to the library ____________ some books. (borrow)

G 다음 문장에서 틀린 부분을 고쳐 문장을 다시 쓰세요.

1 Emily has many things do now.

→ ______________________________

2 The boy went out to rode his bike.

→ ______________________________

3 I want go to an Italian restaurant tonight.

→ ______________________________

4 Sally decided to not eat fast food.

→ ______________________________

5 His goal is to writes a book for children.

→ ______________________________

Vocabulary

F

player 선수
save 모으다, 저축하다
borrow 빌리다
bring 가져오다
map 지도
show 보여주다

G

restaurant 식당
decide 결정하다
fast food 패스트푸드
goal 골; *목표
write 쓰다
children 어린이들

UNIT 08 동명사

A 다음 문장에서 동명사에 O 하세요.

1 Making a movie is difficult.

2 His goal is becoming a famous chef.

3 This book is about planting trees.

4 Jeremy enjoys fishing in the sea.

5 My hobby is listening to music.

6 Playing guitar is my favorite thing.

B 다음 빈칸에 들어갈 말로 알맞은 것에 ✓ 하세요.

1 ________ a birthday party was fun.

☐ Plan ☐ Planning

2 The boy likes ________ comic books.

☐ reads ☐ reading

3 Amy avoids ________ on rainy days.

☐ drives ☐ driving

4 His hobby is ________ pictures.

☐ take ☐ taking

Vocabulary

A

make 만들다
difficult 어려운
chef 요리사
plant 심다
hobby 취미
listen 듣다

B

plan 계획을 세우다
fun 재미있는, 즐거운
comic book 만화책
avoid 피하다
rainy 비가 많이 오는
take a picture 사진을 찍다

C ( ) 안에서 알맞은 것을 고르세요.

1 (Rides / Riding) a roller coaster is so exciting.

2 (Droping / Dropping) your camera was my mistake.

3 How about (watching / to watch) TV tonight?

4 My hobby is (drawing / to drawing) flowers.

5 Did you finish (wash / washing) the dishes?

6 My older sister avoids (eating / to eat) at night.

7 Her dream is (swim / swimming) with dolphins.

D 두 문장이 같은 뜻이 되도록 빈칸에 알맞은 말을 쓰세요.

1 The baby started to cry.
→ The baby started ____________.

2 Her bad habit is to talk too loudly.
→ Her bad habit is ____________ too loudly.

3 David hates to clean his room.
→ David hates ____________ his room.

4 To eat fast food isn't good for your health.
→ ____________ fast food isn't good for your health.

Vocabulary

C
roller coaster 롤러코스터
exciting 신나는
drop 떨어뜨리다
mistake 실수
draw 그리다
dolphin 돌고래

D
start 시작하다
habit 버릇
loudly 큰 소리로
hate 몹시 싫어하다
clean 청소하다
health 건강

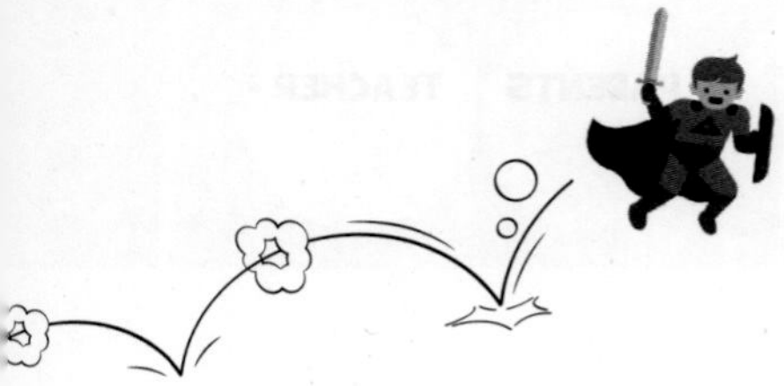

E 주어진 단어를 빈칸에 알맞은 형태로 쓰세요.

1 I hope ____________ to Hawaii. (travel)

2 Lola hates ____________ tomatoes. (eat)

3 We enjoyed ____________ baseball. (play)

4 Anna and I began ____________ Chinese. (learn)

5 Do you mind ____________ me the file? (send)

6 Charlie may want ____________ us for lunch. (join)

7 My parents love ____________ to the movies. (go)

8 You shouldn't give up ____________ for a job. (look)

9 My father avoids ____________ too much coffee. (drink)

10 She decided ____________ a new washing machine. (buy)

11 The players kept ____________ for the next game. (practice)

12 You should finish ____________ your history report first. (write)

Vocabulary

E

hope 바라다, 희망하다

send 버리다

mind 상관하다, 꺼리다

file 파일, 서류철

give up 포기하다

look for 찾다, 구하다

keep …을 계속하다

decide 결정하다, 결심하다

washing machine 세탁기

history 역사

reporter 보고서

F 우리말과 같은 뜻이 되도록 주어진 말을 이용하여 문장을 완성하세요.

1 그의 직업은 차를 판매하는 것이다. (his job, sell)

→ ________________________ cars.

2 약속을 지키는 것은 중요하다. (keep, promises)

→ ________________________ is important.

3 그녀는 블로그를 시작하기로 결심했다. (decide, start)

→ She ________________________ a blog.

4 벤은 숙제를 하느라 바쁘다. (busy, do)

→ Ben ________________________ his homework.

5 우리는 토요일마다 낚시하러 간다. (go, fish)

→ ________________________ on Saturdays.

6 너는 친구들에게 솔직해질 필요가 있다. (need, be)

→ ________________________ honest with your friends.

7 그들은 바이올린을 켜는 것을 연습한다. (practice, play)

→ They ________________________ the violin.

8 나는 사람들 앞에서 노래하는 것을 꺼리지 않는다. (mind, sing)

→ ________________________ in front of people.

Vocabulary

F

job 직업

keep a promise 약속을 지키다

important 중요한

start 시작하다

blog (인터넷의) 블로그

honest 정직한, 솔직한

in front of …의 앞에

do one's homework 숙제를 하다

need 필요로 하다

UNIT 09 접속사

A 다음 문장에서 접속사에 O 하고, 접속사가 연결하는 말에 밑줄을 그으세요.

1 His daughter is young but wise.

2 Lisa and John are good friends.

3 Will you go out or stay at home?

4 I was hungry, so I ate a hamburger.

5 We'll go shopping on Saturday or Sunday.

6 She went to the store and bought some milk.

B 다음 문장에서 주어진 접속사가 들어갈 위치에 ✓ 하세요.

1 but — The man ① was ② poor ③ happy.

2 and — I ① need ② some flour, ③ butter, ④ eggs.

3 but — The boy ① ran, ② he missed ③ the bus.

4 because — I ① can't go with ② you ③ I'm too busy.

5 or — You ① can ② take a bus ③ a taxi.

6 and — I watched ① TV ② he ③ read a magazine.

7 so — They were ① tired, ② they went ③ bed early.

Vocabulary

A

young 젊은
wise 지혜로운, 현명한
go out 외출하다
stay 머무르다

B

poor 가난한
flour 밀가루
noisy 시끄러운
magazine 잡지

C 다음 빈칸에 and, but, or, so 중 알맞은 접속사를 쓰세요.

1 I called him __________ he didn't hear me.

2 William __________ Harry are my classmates.

3 This coat is nice __________ too expensive.

4 We should drive slowly __________ carefully here.

5 You can fix the computer __________ buy a new one.

6 The bag is very expensive __________ I can't buy it.

7 Jane may be in the kitchen __________ in the garden.

D 다음 우리말과 같은 뜻이 되도록 ( ) 안에서 알맞은 것을 고르세요.

1 네가 떠난 후에 (before / after) you left

2 그는 피곤해서 (after / because) he is tired

3 내가 어렸을 때 (after / when) I was young

4 외출하기 전에 (before / after) you go out

5 그가 도착했을 때 (when / because) he arrived

6 너무 더워서 (before / because) it is too hot

7 그녀가 잠든 후에 (after / because) she falls asleep

Vocabulary

C
hear 듣다
classmate 반 친구
coat 외투, 코트
slowly 천천히
carefully 주의하여, 조심스럽게
kitchen 주방

D
leave 떠나다
fall asleep 잠들다

E ( ) 안에서 알맞은 것을 고르세요.

1 You must not ride your bike (so / when) it rains.

2 (Because / But) I got up late, I was late for work.

3 Todd practiced hard, (and / but) he lost the match.

4 Emma washed the dishes (and / but) did the laundry.

5 What do you usually do (when / before) you are free?

6 You can choose to swim (and / or) just sit by the pool.

7 (After / Before) Jack went to bed, he drank a glass of milk.

F 다음 빈칸에 들어갈 말로 알맞은 것에 ✓ 하세요.

1 Are you going to sing or __________?

☐ dance ☐ dancing

2 Julie ate a banana and __________.

☐ delicious ☐ an orange

3 The man is kind and __________.

☐ gently ☐ gentle

4 He likes reading and __________.

☐ to write ☐ writing

Vocabulary

E

practice 연습하다
hard 열심히
lose (시합에서) 지다
match 경기, 시합
free 한가한
choose 선택하다
by …의 옆에
pool 수영장

F

delicious 맛있는
kind 친절한
gently 다정하게, 부드럽게
gentle 온화한, 순한

G 다음 우리말과 같은 뜻이 되도록 빈칸에 알맞은 접속사를 쓰세요.

1 오늘이 목요일이니 금요일이니?

→ Is it Thursday ____________ Friday today?

2 펭귄은 새지만 날지 못한다.

→ Penguins are birds, ____________ they can't fly.

3 우리는 저녁을 먹고 나서 산책을 했다.

→ We took a walk ____________ we had dinner.

4 여기 앉아서 얘기를 나누는 게 어때?

→ How about sitting here ____________ having a chat?

5 해가 지기 전에 그들은 그 일을 마쳐야 한다.

→ ____________ the sun goes down, they must finish the work.

6 내 도움이 필요할 때 내게 전화해도 돼.

→ You can call me ____________ you need my help.

7 그 상자가 너무 무거워서 나 혼자는 옮길 수 없다.

→ ____________ the box is too heavy, I can't move it alone.

8 그녀는 일을 시작하기 전에 보통 커피를 마신다.

→ She usually drinks coffee ____________ she starts working.

Vocabulary

G

fly 날다

take a walk 산책하다

sit 앉다

have a chat …와 이야기하다

go down (해 · 달이) 지다

call 전화하다

help 도움

move 움직이다, 옮기다

alone 혼자, 혼자 힘으로

UNIT 10 여러 가지 문장

A ( ) 안에서 알맞은 것을 고르세요.

1 (Be not / Don't be) angry at me.

2 What (an / the) expensive car it is!

3 Let's (order / orders) pizza for lunch.

4 (How / What) difficult the exam was!

5 (Let's not / Let's don't) go out today.

6 (How / What) beautiful flowers they are!

7 You met him before, (weren't / didn't) you?

8 (Move / Moving) the table next to the bed.

9 We're going to invite Paul, (are / aren't) we?

10 Jane doesn't work today, does (she / Jane)?

B 다음 문장을 우리말과 바르게 연결하세요.

1 Listen to the radio.	•	• a	라디오를 듣자.
2 Let's listen to the radio.	•	• b	라디오를 들어라.
3 Don't listen to the radio.	•	• c	라디오를 듣지 말자.
4 Let's not listen to the radio.	•	• d	라디오를 듣지 마라.

Vocabulary

A

angry 화난, 성난
order 주문하다
difficult 어려운
exam 시험
move
이동시키다, 옮기다
beautiful 아름다운
meet 만나다
next to … 옆에
invite 초대하다

B

listen to …을 듣다

C 주어진 단어를 이용하여 빈칸에 알맞은 말을 쓰세요.

1 Your room is so messy. __________ your room. (clean)

2 This is a school zone. __________ __________ fast. (drive)

3 __________ quiet, please. The baby is sleeping. (be)

4 It's raining outside. __________ an umbrella with you. (take)

5 The music is too loud. __________ down the volume, please. (turn)

6 Your daughter will be fine. __________ __________ about her. (worry)

D 두 문장이 같은 뜻이 되도록 빈칸에 알맞은 말을 쓰세요.

1 How about going out for a walk?
→ __________ __________ out for a walk.

2 Why don't we buy a gift for Mom?
→ __________ __________ a gift for Mom.

3 You must not use your cell phone in class.
→ __________ __________ your cell phone in class.

4 Shall we have dinner before the movie?
→ __________ __________ dinner before the movie.

Vocabulary

C
messy 지저분한, 엉망인
school zone 어린이 보호 구역
quiet 조용한
take 가지고 가다
turn down 낮추다
loud 큰, 시끄러운
volume 음량
outside 밖에

D
use 사용하다
in class 수업 중에

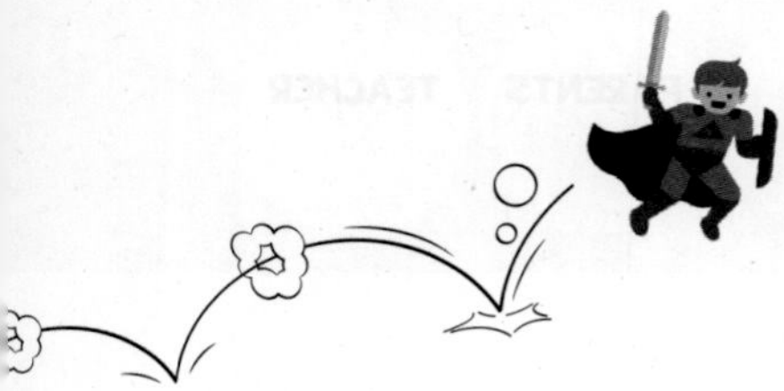

E 다음 빈칸에 알맞은 말을 써서 부가의문문과 그 대답을 완성하세요.

1 A: Ted wasn't sick, ________ ________?
B: No, ________ ________.

2 A: Brian lives in Seoul, ________ ________?
B: Yes, ________ ________.

3 A: They are best friends, ________ ________?
B: Yes, ________ ________.

4 A: You were a teacher, ________ ________?
B: No, ________ ________,

5 A: Lena won the game, ________ ________?
B: No, ________ ________.

F 다음 문장을 감탄문으로 바꿀 때, 빈칸에 알맞은 말을 쓰세요.

1 The movie was so funny.
→ ________ ________ the movie was!

2 It is a really small world.
→ ________ ________ ________ world!

3 You have a very beautiful garden.
→ ________ ________ ________
________ you have!

Vocabulary

E
sick 아픈
win 이기다

F
funny
웃기는, 재미있는
really 아주, 정말
world 세계
beautiful 아름다운
garden 뜰, 정원

G 다음 우리말과 같은 뜻이 되도록 ( ) 안의 말을 바르게 배열하세요.

1 회의에 늦지 마라. (the meeting / don't / for / be / late)

→ ______________________________

2 너 택시를 타는 게 어때? (a taxi / why / you / take / don't)

→ ______________________________

3 너 샘을 알지, 그렇지 않니?
(you / don't / you / know / Sam)

→ ______________________________

4 그것은 매우 놀라운 소식이구나!
(news / is / what / surprising / it)

→ ______________________________

5 내일 캠핑 가지 말자.
(tomorrow / go / not / camping / let's)

→ ______________________________

6 네 강아지는 정말 영리하구나!
(your / is / how / dog / smart)

→ ______________________________

7 창문을 열지 마라.
(the window / don't / open)

→ ______________________________

8 맨디는 가수가 아니지, 그렇지?
(Mandy / is / isn't / she / a singer)

→ ______________________________

Vocabulary

G
meeting 회의
know 알다
surprising 놀라운
smart 영리한, 똑똑한

★ 정답 ★

UNIT 01 조동사 1 pp.2-5

A 1 may 2 can 3 must 4 may
5 must 6 can

B 1 be 2 can ride 3 save 4 visit
5 speak 6 bake 7 be 8 get

C 1 ⓑ 2 ⓑ 3 ⓒ 4 ⓓ 5 ⓐ
6 ⓑ 7 ⓓ 8 ⓒ 9 ⓐ 10 ⓑ
11 ⓓ 12 ⓒ 13 ⓓ 14 ⓑ

D 1 must 2 may 3 can 4 may

E 1 is able to ride a horse
2 must answer in English
3 may know my name
4 can watch TV now

F 1 그녀의 이야기는 거짓일지도 모른다.
2 그는 이 컴퓨터를 쉽게 고칠 수 있다.
3 그들은 방을 청소해야 한다.
4 너는 내 휴대 전화를 사용해도 된다.
5 너는 여기서 신발을 벗어야 한다.
6 우리는 올해 그 도시로 이사할지도 모른다.
7 너는 저녁 식사 후에 아이스크림을 먹어도 된다.
8 아이들은 아홉 시 전에 잠자리에 들어야 한다.

UNIT 02 조동사 2: 부정문과 의문문 pp.6-9

A 1 may not 2 cannot[can't]
3 must not 4 cannot[can't]
5 may not

B 1 ⓐ 2 ⓐ 3 ⓑ 4 ⓑ 5 ⓒ 6 ⓐ

C 1 you, may 2 they, can
3 you, may, not 4 she, can
5 you, can't

D 1 Can 2 I try 3 Can I 4 be
5 use 6 bring 7 speak
8 not cross 9 turn

E 1 May I 2 must not 3 can
4 Can I 5 must not 6 can't
7 may not 8 Can you 9 may not

F 1 Can, he, play 2 Can, you, pass
3 You, must, not, forget
4 She, may, not, come

G 1 May I see your ticket?
2 Michael may not know the answer.
3 You must not park in the building.
4 Can the students solve the puzzle?

UNIT 03 미래시제 1 pp.10-13

A 1, 3, 5, 7, 8

B 1 b, a, c 2 a, b, c

C 1 He'll 2 You'll
3 You're going to 4 They'll
5 I'm going to 6 We'll
7 She's going to

D 1 be 2 win 3 go 4 going to
5 study 6 be 7 sing

E 1 is going to arrive
2 am going to see
3 am going to visit
4 are going to have
5 is going to be
6 are going to take
7 is going to move

F 1 will call 2 will cook 3 will watch

4 will plant 5 will buy
6 will become

G 1 Sally will sell her car to Tony.
2 My uncle will be a science teacher.
3 I am going to meet her in front of the library.
4 Mary and I are going to order pasta for lunch.
5 They will finish their homework.
6 The boy will go to bed early at night.
7 We are going to play the game for 30 minutes.
8 The musical is going to begin at eight o'clock.

UNIT 04 미래시제 2: 부정문과 의문문 pp.14-17

A 1 ② 2 ② 3 ② 4 ② 5 ③
6 ① 7 ②

B 1 won't
2 I'm not going to
3 isn't going to
4 aren't going to
5 isn't going to
6 won't

C 1 Will 2 Will 3 Are 4 Will
5 Am 6 Is

D 1 agree 2 going 3 fail 4 Are
5 will not 6 won't 7 be 8 isn't

E 1 she, won't 2 Are, I, am
3 Will, you 4 Is, he, isn't

F 1 I, won't 2 Will, you
3 are, not, going, to
4 Is, it, going, to

G 1 not, answer
2 Will, remember
3 you, going, to, wash
4 aren't, going, to, invite

H 1 I will not[won't] go
2 Is John going to join
3 Will Lucy bring

UNIT 05 의문사 pp.18-21

A 1 c 2 f 3 e 4 b 5 d 6 a

B 1 is 2 is 3 do 4 much 5 was
6 did 7 are

C 1 ⓐ 2 ⓔ 3 ⓓ 4 ⓑ 5 ⓒ 6 ⓕ

D 1 old 2 much 3 many 4 often
5 far

E 1 Who 2 What, did 3 How, does
4 Where, did 5 What, color, is
6 How, much, is 7 When, does
8 How, many, dogs, does

F 1 What is his phone number?
2 Where did they find the wallet?
3 What size do you want?
4 How much is the necklace?
5 When did he meet her?
6 Why did you call me?
7 Who is your favorite singer?
8 How did Kevin become a doctor?

UNIT 06 비교급과 최상급 pp.22-25

A 1 deeper, deepest
2 fatter, fattest
3 later, latest
4 worse, worst
5 smaller, smallest
6 wiser, wisest

7 easier, easiest
8 more, most
9 bigger, biggest
10 larger, largest
11 less, least
12 earlier, earliest
13 more careful, most careful
14 more delicious, most delicious
15 more important, most important

B 1 than 2 me 3 the 4 longer
5 most 6 nicer 7 beautiful

C 1 thin 2 better 3 happiest 4 thick
5 more 6 more important 7 coldest

D 1 is the most popular
2 is as light as a balloon
3 is as old as mine
4 Russia is the largest country
5 has more friends than me
6 is warmer than yesterday
7 left earlier than me
8 Health is the most important

E 1 the best 2 faster than
3 as comfortable as 4 worse than
5 the tallest 6 as well as
7 the most interesting 8 harder than

UNIT 07 to부정사 pp.26-29

A 1 to study 2 to go 3 to make
4 to take 5 To eat 6 to get
7 to help

B 1 ② 2 ② 3 ③ 4 ③ 5 ③
6 ① 7 ②

C 1 ⓑ 2 ⓐ 3 ⓑ 4 ⓐ
5 ⓐ 6 ⓒ 7 ⓒ

D 1 some time to think
2 something to drink
3 a subway to go
4 some questions to ask
5 any money to spend
6 pants to wear

E 1 ⓐ 돕는 것 2 ⓐ 요리하는 것
3 ⓐ 잠그는 것 4 ⓑ 할
5 ⓑ 말할 6 ⓑ 갈 7 ⓒ 얻기 위해
8 ⓒ 떨어지지 않기 위해
9 ⓑ 볼 10 ⓒ 되기 위해
11 ⓐ 여행하는 것 12 ⓒ 들어가기 위해

F 1 to be 2 to buy 3 to make
4 to go 5 to show 6 to borrow

G 1 Emily has many things to do now.
2 They boy went out to ride his bike.
3 I want to go to an Italian restaurant tonight.
4 Sally decided not to eat fast food.
5 His goal is to write a book for children.

UNIT 08 동명사 pp.30-33

A 1 Making 2 becoming 3 planting
4 fishing 5 listening 6 Playing

B 1 Planning 2 reading
3 driving 4 taking

C 1 Riding 2 Dropping 3 watching
4 drawing 5 washing 6 eating
7 swimming

D 1 crying 2 talking
3 cleaning 4 Eating

E 1 to travel 2 eating[to eat]
3 playing 4 learning[to learn]
5 sending 6 to join 7 going[to go]
8 looking 9 drinking 10 to buy

11 practicing 12 writing

F 1 His job is selling[to sell]
2 Keeping[to keep] promises
3 decided to start
4 is busy doing
5 We go fishing
6 You need to be
7 practice playing
8 I don't mind singing

UNIT 09 접속사 pp.34-37

A 1 young but wise
2 Lisa and John
3 go out or stay at home
4 I was hungry, so I ate a hamburger
5 Saturday or Sunday
6 went to the store and bought some milk

B 1 ③ 2 ④ 3 ② 4 ③ 5 ③
6 ② 7 ②

C 1 but 2 and 3 but 4 and
5 or 6 so 7 or

D 1 after 2 because 3 when 4 before
5 when 6 because 7 after

E 1 when 2 Because 3 but 4 and
5 when 6 or 7 Before

F 1 dance 2 an orange 3 gentle
4 writing

G 1 or 2 but 3 after 4 and 5 Before
6 when 7 Because 8 before

UNIT 10 여러 가지 문장 pp.38-41

A 1 Don't be 2 an 3 order 4 How
5 Let's not 6 What 7 didn't
8 Move 9 aren't 10 she

B 1 b 2 a 3 d 4 c

C 1 Clean 2 Don't, drive 3 Be
4 Take 5 Turn 6 Don't, worry

D 1 Let's, go 2 Let's, buy
3 Don't, use 4 Let's, have

E 1 was, he, he, wasn't
2 doesn't, he, he, does
3 aren't, they, they, are
4 weren't, you, I, wasn't
5 didn't, she, she, didn't

F 1 How, funny
2 What, a, small
3 What, a, beautiful, garden

G 1 Don't be late for the meeting.
2 Why don't you take a taxi?
3 You know Sam, don't you?
4 What surprising news it is!
5 Let's not go camping tomorrow.
6 How smart your dog is!
7 Don't open the window.
8 Mandy isn't a singer, is she?

MEMO

MEMO

MEMO

기초부터 내신까지 중학 독해 완성

1316

1316 READING

WORKBOOK

LEVEL 1

Section 1 01

본책 p. 8　　　　이름 ____________

A 영어 단어에는 우리말 뜻을, 우리말 뜻에는 영어 단어를 쓰시오.

01	hit	____________	07	____________	인식하다
02	bacteria	____________	08	____________	젖은, 축축한
03	be located	____________	09	____________	수분, 습기
04	unique	____________	10	____________	생산하다
05	earthy	____________	11	____________	야기하다, 초래하다
06	scent	____________	12	____________	나르다, 운반하다

B 굵게 표시된 부분에 유의하여 우리말 문장을 완성하시오.

01 **Have** you **ever smelled** the air after it rains?

당신은 비가 온 후에 공기 ________________________________?

02 In fact, the smell **is caused by** bacteria.

사실, 그 냄새는 박테리아________________________________.

03 They produce something **called geosmin.**

그들은 ________________________________ 것을 만들어 낸다.

04 Geosmin has a unique smell **that we all recognize**.

지오스민은 ________________________________ 독특한 냄새를 가지고 있다.

05 It **is usually located between** rocks.

그것은 ________________ 바위들 ________________________.

06 This **causes** it **to enter** the air.

이것은 그것이 공기에 ________________________________.

07 **When it rains**, water hits the geosmin.

________________________________, 빗물이 지오스민을 튕겨낸다.

Section 1 02

본책 p. 9 이름 ____________

A

영어 단어에는 우리말 뜻을, 우리말 뜻에는 영어 단어를 쓰시오.

01 Greek ____________

02 rise ____________

03 as well ____________

04 shine ____________

05 ____________ 용어, 말

06 ____________ 가까운

07 ____________ 고대의

08 ____________ ~의 중간 무렵에

B

굵게 표시된 부분에 유의하여 우리말 문장을 완성하시오.

01 It is very hot, and the sun **is shining brightly**.

매우 덥고 태양은 ____________________.

02 The term "dog days" **came from** the ancient Greeks.

'dog days'라는 용어는 고대 그리스인들____________________.

03 They watched **the brightest star** in Canis Major.

그들은 큰개자리에 있는 ____________________ 관찰했다.

04 It **is known as** the dog star.

그것은 dog star____________________.

05 Sirius **is very close to** the sun.

시리우스는 태양____________________.

06 The hot weather **was caused by** these two stars.

더운 날씨가 이 두 개의 별____________________.

07 The dog days **usually start** in early July.

삼복더위는 ____________ 7월 초에 ____________________.

Section 1 03

본책 p. 10 이름

A 주어진 우리말과 같은 뜻이 되도록 빈칸에 알맞은 말을 | 보기 |에서 골라 쓰시오. (필요시 형태 바꾸기)

| 보기 |	rot	root	contain	sprinkle	throw away

01 달걀 껍질을 버리지 마라.

Don't __________ eggshells.

02 그것은 식물의 뿌리들을 튼튼하게 만들어 준다.

It makes plants' __________ strong.

03 달걀 껍질에는 탄산칼슘이 많이 들어 있다.

Eggshells __________ lots of calcium carbonate.

04 충분한 칼슘이 없으면 이 식물은 쉽게 썩는다.

Without enough calcium, these plants easily __________.

05 마지막으로, 으깨진 달걀 껍질을 흙 위에 흩뿌려라.

Finally, __________ the crushed eggshells onto the soil.

B 우리말 문장을 보고 주어진 영어 단어를 이용하여 문장을 완성하시오.

01 그것들은 식물을 건강하게 만들어 준다. (plants, healthy)

They __________ __________ __________.

02 식물은 더 빠르고 더 크게 자란다. (fast, big)

The plants __________ __________ __________ __________.

03 이것은 달걀 껍질이 더 빨리 분해되도록 도와준다. (the eggshells, break down)

This __________ __________ __________ __________ __________ faster.

04 으깨진 달걀 껍질은 미술에 사용될 수 있다. (can, use)

The crushed eggshells __________ __________ __________ in art.

05 오늘 달걀 껍질 비료를 만들어 보아라! (try, eggshell fertilizer)

__________ __________ __________ __________ today!

본책 p. 12 이름

A

주어진 우리말과 같은 뜻이 되도록 빈칸에 알맞은 말을 | 보기 |에서 골라 쓰시오. (필요시 형태 바꾸기)

| 보기 |	grab	sight	surface	towards	breathe

01 그들은 숨을 쉬기 위해 해수면으로 와야 한다.

They must come to the surface of the ocean to __________.

02 에덴 고래는 다른 이유로 수면으로 온다.

Eden's whales come to the __________ for another reason.

03 이는 그것을 향해 물의 흐름을 만들어 낸다.

This creates a flow of water __________ it.

04 새들이 날아와 고래의 입에서 그들을 낚아챈다.

Birds fly over and __________ them from the whale's mouth.

05 그것은 놀라운 광경이다!

It is an amazing __________!

B

우리말 문장을 보고 주어진 영어 단어를 이용하여 문장을 완성하시오.

01 당신은 고래들이 분수공을 통해 공기를 방출하는 것을 본 적이 있을 것이다. (whales, release)

You've probably __________ __________ __________ air through their blowholes.

02 오염된 물은 물고기들이 숨 쉬는 것을 어렵게 만든다. (fish, breathe)

The polluted water makes it hard __________ __________ __________ __________.

03 그들은 더 많은 산소를 얻기 위해 자주 수면으로 헤엄친다. (get, oxygen)

They often swim to the surface __________ __________ __________ __________.

04 물고기를 먹고 싶은 에덴 고래는 그들을 따라간다. (want, feed on)

Eden's whales __________ __________ __________ __________ the fish follow them.

05 그 물고기들은 이 덫에서 빠져나올 수 없다. (unable, escape)

The fish __________ __________ __________ __________ from this trap.

Section 2 01

본책 p. 18　　　　이름 ______

A 영어 단어에는 우리말 뜻을, 우리말 뜻에는 영어 단어를 쓰시오.

01	shrink	______	08	______	높이
02	up to	______	09	______	궁금해하다
03	mostly	______	10	______	원래의, 최초의
04	engineer	______	11	______	팽창하다, 확장하다
05	cause	______	12	______	온도
06	be made of	______	13	______	철
07	possible	______	14	______	영향

B 굵게 표시된 부분에 유의하여 우리말 문장을 완성하시오.

01 Did you know **that The Eiffel Tower's height changes**?

당신은 ______ 알았는가?

02 In winter, it **gets shorter**.

겨울에는 그것이 ______.

03 The Eiffel Tower **is made** mostly **of iron**.

에펠탑은 주로 ______.

04 Temperature **has a strong effect on** iron.

온도는 철______.

05 Iron expands **when it's hot**.

철은 ______ 팽창한다.

06 You might wonder **if this is dangerous**.

당신은 ______ 궁금할지도 모른다.

07 Professional engineers **keep the tower safe**!

전문 기술자들이 ______!

Section 2 02

본책 p. 19 이름 ______

A 영어 단어에는 우리말 뜻을, 우리말 뜻에는 영어 단어를 쓰시오.

01	coast	______	09	______	안타깝게도
02	huge	______	10	______	무너지다, 붕괴되다
03	various	______	11	______	형성되다
04	sinkhole	______	12	______	생물
05	underwater	______	13	______	물에 잠기게 하다
06	fill up with	______	14	______	광경
07	adventure	______	15	______	계속되다, 지속되다
08	eventually	______	16	______	~을 찾다

B 굵게 표시된 부분에 유의하여 우리말 문장을 완성하시오.

01 **Are** you **looking for** adventure?

당신은 모험을 ______?

02 The hole **is known for** its clear water and various ocean creatures.

그 구멍은 맑은 물과 다양한 해양 생물______.

03 **It is believed that** the hole formed during the Ice Age.

그 구멍은 빙하기 동안 형성되었다고 ______.

04 Sea levels **began to rise**.

해수면이 ______.

05 It collapsed, and a huge hole **was created**.

그것은 무너졌고 거대한 구멍이 ______.

06 It **is** slowly **filling up with** sand.

그것은 천천히 모래______.

07 You **want to see** this amazing sight.

당신은 이 놀라운 광경을 ______.

Section ② 03

본책 p. 20 이름

A 주어진 우리말과 같은 뜻이 되도록 빈칸에 알맞은 말을 | 보기 |에서 골라 쓰시오. (필요시 형태 바꾸기)

| 보기 | post place below recognize break into

01 어느 날 밤 누군가가 빵집에 침입했다.

One night, someone __________ a bakery.

02 그들은 그를 알아보지는 못했다.

They didn't __________ him.

03 그들은 쿠키 위에 그 종이를 올렸다.

They __________ the paper on top of cookies.

04 그들은 쿠키의 사진을 소셜 미디어에 올렸다.

They __________ a picture of the cookies on social media.

05 그 아래에 그들은 "도둑을 한 입 베어 드세요!"라고 썼다.

__________ it, they wrote, "Take a bite out of the thief!"

B 우리말 문장을 보고 주어진 영어 단어를 이용하여 문장을 완성하시오.

01 주인들은 보안 카메라 영상에서 도둑을 보았다. (see, the thief)

The owners __________ __________ __________ __________ their security camera video.

02 그들은 그것들을 고객들에게 주었다. (give, customers)

They __________ __________ __________ __________.

03 그들은 이것이 사람들이 그 용의자를 알아보는 데 도움이 되길 바랐다. (recognize)

They hoped this would __________ __________ __________ the suspect.

04 마침내 그 남자는 발견되어서 체포되었다. (find, arrest)

Eventually, the man __________ __________ __________ __________.

05 그 쿠키가 그들이 그를 잡게 해 준 이유는 아니었다. (the reason, catch)

The cookies weren't __________ __________ __________ __________ __________.

본책 p. 22 이름

A

주어진 우리말과 같은 뜻이 되도록 빈칸에 알맞은 말을 | 보기 |에서 골라 쓰시오. (필요시 형태 바꾸기)

| 보기 | palace unfair unusual courage replace

01 네팔에는 특이한 전통이 있다.

Nepal has a(n) __________ tradition.

02 그녀는 또한 용기와 좋은 목소리를 지녀야 한다.

She must also have __________ and a good voice.

03 그녀는 자신의 가족을 떠나 궁궐에 산다.

She leaves her family and lives in a(n) __________.

04 그녀는 다른 소녀가 그녀를 대신할 때까지 이런 식으로 살아야 한다.

She must live this way until another girl __________ her.

05 어떤 사람들은 이 전통이 소녀들에게 부당하다고 말한다.

Some people say this tradition is __________ to the girls.

B

우리말 문장을 보고 주어진 영어 단어를 이용하여 문장을 완성하시오.

01 어린 소녀들이 살아있는 여신으로 선택된다. (choose, be)

Young girls __________ __________ __________ __________ living goddesses.

02 Kumari가 되는 것은 큰 영광이다. (be, a)

__________ __________ __________ is a big honor.

03 많은 부모들이 자신들의 딸들이 Kumari가 되기를 원한다. (daughters, become)

Many parents __________ __________ __________ __________ __________ one.

04 Kumari가 되려면 소녀는 어떤 흉터도 있어선 안 된다. (become, a)

__________ __________ __________ __________, a girl cannot have any scars.

05 그녀는 빨간 옷과 머리 장식을 착용해야 한다. (have, wear)

She __________ __________ __________ red clothes and hair accessories.

Section 3 01

본책 p. 28 이름 ____________

A 영어 단어에는 우리말 뜻을, 우리말 뜻에는 영어 단어를 쓰시오.

01 agree ____________

02 riddle ____________

03 possible ____________

04 keep one's word ____________

05 make a suggestion ____________

06 ____________ 논의[토의]하다

07 ____________ ~을 알아내다

08 ____________ ~의 값을 지불하다

09 ____________ ~으로 가득 차다

B 굵게 표시된 부분에 유의하여 우리말 문장을 완성하시오.

01 A writer **was having lunch** with three friends.

한 작가가 세 명의 친구들과 함께 ____________.

02 She **gave them a riddle**.

그녀는 ____________.

03 **No one seemed to know** the correct answer.

____________ 정답을 ____________.

04 If not, you **have to buy** lunch.

그러지 못한다면 너희들이 점심을 ____________.

05 They **began discussing** possible answers.

그들은 가능한 답을 ____________.

06 They smiled and **wrote something on a napkin**.

그들은 웃으며 ____________.

07 The writer was surprised, but she **kept her word**.

작가는 놀랐지만, ____________.

Section 3 02

본책 p. 29 이름

A 영어 단어에는 우리말 뜻을, 우리말 뜻에는 영어 단어를 쓰시오.

01 remaining ____________

02 layer ____________

03 unwanted ____________

04 extra ____________

05 hard ____________

06 hair-like ____________

07 in addition ____________

08 remove ____________

09 use ____________

10 ____________ 썩다

11 ____________ 경제

12 ____________ 지속되다

13 ____________ 요리

14 ____________ 화학 물질

15 ____________ 재료

16 ____________ (돈을) 벌다

17 ____________ 지역의

18 ____________ 환경

B 굵게 표시된 부분에 유의하여 우리말 문장을 완성하시오.

01 Coconuts **are used** in many dishes and products.

코코넛은 많은 요리나 제품에 ____________________.

02 Scientists **are turning them into bioplastic**.

과학자들은 ____________________.

03 They **remove** the hard parts of the coconut husks **with special chemicals**.

그들은 코코넛 겉껍질의 단단한 부분을 ____________________.

04 Husks are reused **rather than thrown away**.

겉껍질은 ____________________ 재사용된다.

05 This is because water **doesn't make it rot**.

이는 물이 ____________________ 때문이다.

06 Farmers can earn extra money **by selling their unwanted coconut husks**.

농부들은 ____________________ 여윳돈을 벌 수 있다.

Section 3 03

본책 p. 30 이름

A 주어진 우리말과 같은 뜻이 되도록 빈칸에 알맞은 말을 | 보기 |에서 골라 쓰시오. (필요시 형태 바꾸기)

| 보기 | past about author average emperor

01 나폴레옹 보나파르트는 프랑스의 황제였다.

Napoleon Bonaparte was the __________ of France.

02 과거의 피트와 인치는 달랐다.

Feet and inches were different in the __________.

03 Napoleon의 키는 약 5피트 2인치였다.

Napoleon was __________ 5 feet, 2 inches tall.

04 그의 키가 그 당시의 평균이었다.

His height was __________ at that time.

05 마지막으로, 러시아 작가인 레오 톨스토이가 그에 대해 적었다.

Finally, Russian __________ Leo Tolstoy wrote about him.

B 우리말 문장을 보고 주어진 영어 단어를 이용하여 문장을 완성하시오.

01 여기에는 몇 가지 이유가 있다. (there, several)

__________ __________ __________ __________ for this.

02 그것들은 오늘날의 것보다 더 길었다. (long, they are)

They were __________ __________ __________ __________ today.

03 Napoleon은 평소에 그의 경호원들에 둘러싸여 있었다. (usually, surround)

Napoleon __________ __________ __________ __________ his guards.

04 그들은 그를 키가 더 작아 보이게 했다. (make, look)

They __________ __________ __________ __________.

05 그는 그 황제를 '작은 남자'라고 묘사했다. (describe, the emperor)

He __________ __________ __________ __________ a "little man."

본책 p. 32 이름

A

주어진 우리말과 같은 뜻이 되도록 빈칸에 알맞은 말을 | 보기 |에서 골라 쓰시오. (필요시 형태 바꾸기)

| 보기 | probably get to organized experience attractive

01 당신은 집에서 병원까지 어떻게 가는가?

How do you __________ the hospital from your home?

02 당신의 도시는 아마 높은 워크 스코어를 가질 것이다!

Your city __________ has a high walk score!

03 그것들은 관광객에게 매력적인 선택지이다.

They are a(n) __________ choice.

04 그것들은 대개 체계적인 도로 시스템을 갖고 있다.

They usually have __________ street systems.

05 그들은 도시의 문화를 더 쉽게 경험할 수 있다!

They can __________ the city's culture more easily!

B

우리말 문장을 보고 주어진 영어 단어를 이용하여 문장을 완성하시오.

01 워크 스코어는 공공장소에 걸어서 가는 것이 얼마나 쉬운지를 알려 준다. (easy, walk)

A walk score tells you __________ __________ __________ to public places is.

02 그 도시는 가장 높은 워크 스코어를 얻는다. (high, walk score)

The city gets __________ __________ __________ __________.

03 사람들이 어느 곳에서나 운전할 필요가 없다. (need, drive)

People __________ __________ __________ __________ everywhere.

04 높은 워크 스코어를 갖는 것에는 몇 가지 이점이 있다. (have, a high walk score)

__________ __________ __________ __________ __________ has some benefits.

05 이러한 시스템들은 관광객들이 도시를 돌아다니는 것을 더 편리하게 해 준다. (tourists, walk around)

These systems make it more convenient __________ __________ __________

__________ __________ the cities.

Section 4 01

본책 p. 38 이름

A

영어 단어에는 우리말 뜻을, 우리말 뜻에는 영어 단어를 쓰시오.

01 each other ______________

02 message ______________

03 put ~ together ______________

04 up to ______________

05 antenna ______________

06 discovery ______________

07 ______________ 똑바로, 곧게

08 ______________ 의사소통하다

09 ______________ 비린내 나는

10 ______________ 서로 다른, 별개의

11 ______________ 문장

12 ______________ 곤충

B

굵게 표시된 부분에 유의하여 우리말 문장을 완성하시오.

01 Do you smell **something sweet**?

______________________________ 냄새가 나는가?

02 **What if** you smell something fishy?

비린내가 난다면 ______________________________?

03 That means **you should turn right**.

그건 ______________________________ 뜻이다.

04 This is **how ants communicate with each other**.

이것이 ______________________________이다.

05 Most ants can use up to 20 different smells **to communicate**.

대부분의 개미는 ______________ 20가지에 이르는 서로 다른 냄새를 사용할 수 있다.

06 They use smells **the same way we use words**.

그들은 ______________________________ 냄새를 사용한다.

07 Ants use smells to tell other ants **where to find food**.

개미들은 다른 개미들에게 ______________ 알려 주기 위해 냄새를 사용한다.

Section 4 02

본책 p. 39 이름 ____________

A 영어 단어에는 우리말 뜻을, 우리말 뜻에는 영어 단어를 쓰시오.

01	so far	____________	**07**	____________	~에 대고 비비다
02	in pain	____________	**08**	____________	(손을) 뻗다
03	appreciate	____________	**09**	____________	없애다, 제거하다
04	hook	____________	**10**	____________	전문적인
05	come across	____________	**11**	____________	그 후에
06	regularly	____________	**12**	____________	탐험하다

B 굵게 표시된 부분에 유의하여 우리말 문장을 완성하시오.

01 **Would** you **put your hand** inside a shark's mouth?

당신은 상어의 입 안에 ______________________________?

02 She **has been diving** with sharks for more than 25 years.

그녀는 25년이 넘도록 상어와 함께 ______________________________.

03 One day, she **came across a shark** with a hook in its mouth.

어느 날, 그녀는 입 안에 낚싯바늘이 있는 ______________________________.

04 It **seemed to appreciate** her help.

그것은 그녀의 도움에 ______________________________.

05 So far, she **has removed** more than 300 hooks.

지금까지 그녀는 300개가 넘는 낚싯바늘을 ______________________________.

06 Zenato **wants people to understand** that sharks feel pain.

Zenato는 ______________ 상어가 아픔을 느낀다는 것을 ______________.

본책 p. 40 이름 ______

A 주어진 우리말과 같은 뜻이 되도록 빈칸에 알맞은 말을 | 보기 |에서 골라 쓰시오. (필요시 형태 바꾸기)

보기	cost	miss	dream of	discount	register

01 바닷속에서 물고기들과 헤엄치는 것을 꿈꾸시나요?

Do you __________ swimming with fish in the ocean?

02 비용은 1인당 300달러입니다.

The __________ is just $300 per person.

03 전화나 인터넷으로 등록하실 수 있습니다.

You can __________ by phone or on the internet.

04 이번 달 말까지 등록하면 20퍼센트 할인을 받으실 수 있습니다.

You will get a 20% __________ if you register by the end of this month.

05 이 좋은 기회를 놓치지 마세요!

Don't __________ this great chance!

B 우리말 문장을 보고 주어진 영어 단어를 이용하여 문장을 완성하시오.

01 해저 동굴을 탐험하는 것은 어떨까요? (how, explore)

__________ __________ __________ underwater caves?

02 바하마의 유명한 쥐가오리를 보고 싶으신가요? (would, like)

__________ __________ __________ __________ __________ the Bahamas' famous manta rays?

03 강습을 끝마치는 데에는 단 이틀이 걸립니다. (take, finish)

It only __________ __________ __________ __________ __________ the class.

04 수업은 일주일 내내 가능합니다. (every day, week)

We have classes __________ __________ __________ __________ __________.

05 세 명의 학생당 한 명의 강사가 있습니다. (for, every)

There is one instructor __________ __________ __________ __________.

Section 4 04

본책 p. 42 이름

A

주어진 우리말과 같은 뜻이 되도록 빈칸에 알맞은 말을 | 보기 |에서 골라 쓰시오. (필요시 형태 바꾸기)

| 보기 | creator organize research accurate translate

01 어떤 사람들은 그것이 훌륭한 연구 도구라고 생각해요.

Some people think it is an excellent __________ tool.

02 그것은 가장 최신 정보를 정리할 수 있습니다.

It can __________ the most recent information.

03 그것은 그들의 글을 다른 언어로 번역할 수 있습니다.

It can __________ their writing into another language.

04 ChatGPT는 훌륭한 창작자입니다.

ChatGPT is an excellent __________.

05 연구원들은 그들의 글이 정확하다는 것을 확실히 하려고 정보를 확인합니다.

Researchers check their information to make sure their writing is __________.

B

우리말 문장을 보고 주어진 영어 단어를 이용하여 문장을 완성하시오.

01 ChatGPT는 누구에 의해서나 사용될 수 있는 인공지능 프로그램이에요. (can, use)

ChatGPT is an AI program that __________ __________ __________ __________ anyone.

02 이것은 학생들이 글을 더 잘 쓸 수 있게 해 줍니다. (allow, write)

This __________ __________ __________ __________ better.

03 정보가 정확한지 아닌지 판단할 수 없습니다. (unable, judge)

It __________ __________ __________ __________ whether information is correct or not.

04 누군가가 그것에게 증명되지 않은 사실들을 알려 줍니다. (teach, unproven)

Someone __________ __________ __________ __________.

05 ChatGPT는 사람들의 작업물을 사용하기 위한 허락을 구하지 않습니다. (use, people's work)

ChatGPT does not ask for permission __________ __________ __________ __________.

Section 5 01

본책 p. 48 이름 ____________________

A 영어 단어에는 우리말 뜻을, 우리말 뜻에는 영어 단어를 쓰시오.

01 farewell ____________________

02 usual ____________________

03 greeting ____________________

04 final ____________________

05 stay up all night ____________________

06 ____________________ 걱정하게 만들다

07 ____________________ 깨닫다

08 ____________________ 앵무새

09 ____________________ 우정

B 굵게 표시된 부분에 유의하여 우리말 문장을 완성하시오.

01 Mr. Brown **lived with** an old parrot.

Brown 씨는 나이 든 앵무새____________________.

02 It **was good at speaking**.

그것은 ____________________.

03 **Before going to bed**, the parrot said to Mr. Brown, "Good night. See you soon!"

____________________, 그 앵무새는 Brown 씨에게 "잘 자요. 곧 만나요!"라고 인사했다.

04 This worried Mr. Brown **because it was not the parrot's usual farewell**.

이것은 Brown 씨를 걱정시켰는데, ____________________.

05 He decided to stay up all night **to watch** the parrot.

그는 앵무새를 ____________________ 밤을 새우기로 결심했다.

06 His parrot **never woke up again**.

하지만 그의 앵무새는 ____________________.

07 He realized **why the parrot didn't say**, "See you soon."

그는 ____________________ "곧 만나요."라고 ____________________ 깨닫았다.

본책 p. 49 이름 ____________

A 영어 단어에는 우리말 뜻을, 우리말 뜻에는 영어 단어를 쓰시오.

01 upset ____________

02 aloud ____________

03 therapy ____________

04 nervous ____________

05 worry about ____________

06 patiently ____________

07 have trouble v-ing ____________

08 ____________ 행복하게

09 ____________ 완벽한

10 ____________ ~의 앞에

11 ____________ 종류

12 ____________ 청중

13 ____________ 긴장을 풀다, 안심하다

14 ____________ ~을 비웃다

B 굵게 표시된 부분에 유의하여 우리말 문장을 완성하시오.

01 A girl **is happily reading** a book aloud.

한 여자아이가 ____________ 소리 내어 책을 ____________.

02 She usually **has trouble reading**.

그 소녀는 평소 ____________.

03 These children often feel nervous **when** they **have to read** in front of others.

이 아이들은 다른 사람들 앞에서 ____________ 종종 긴장한다.

04 They worry about **being laughed at**.

그들은 ____________ 걱정한다.

05 **That's why** a dog is the perfect audience.

____________ 개가 완벽한 청중인 ____________.

06 Therapy dogs **are specially trained** to listen patiently.

치료견들은 참을성 있게 듣도록 ____________.

07 This **makes the kids relax**.

이것은 ____________.

Section 5 03

본책 p. 50 이름 ____________

A 주어진 우리말과 같은 뜻이 되도록 빈칸에 알맞은 말을 | 보기 |에서 골라 쓰시오. (필요시 형태 바꾸기)

| 보기 | skip reduce regret wake up common

01 나는 밤에 자주 배가 고파서 깬다.

I often __________ feeling hungry at night.

02 나는 자주 밤늦게 먹고 그것을 후회한다.

I frequently eat late at night and __________ it.

03 나는 대개 아침 식사를 거르고 배고픔을 느끼지 않는다.

I usually __________ breakfast and don't feel hungry.

04 야식증후군은 사람들이 스트레스를 받을 때 더 흔하다.

NES is more __________ when people are stressed.

05 이것이 당신의 야식을 줄이도록 도와줄 것이다.

This will help __________ your night eating.

B 우리말 문장을 보고 주어진 영어 단어를 이용하여 문장을 완성하시오.

01 나는 새벽 한 시 전에 잠드는 데 어려움이 있다. (difficulty, fall asleep)

I __________ __________ __________ __________ before 1:00 a.m.

02 렙틴은 우리가 덜 배고프게 한다. (make, hungry)

Leptin __________ __________ __________ __________.

03 그것을 멈추기 위해 당신이 할 수 있는 몇 가지 일이 있다. (stop)

There are some things you can do __________ __________ __________.

04 이것은 당신이 음식에 대한 욕구를 조절하도록 도울 것이다. (control)

This will __________ __________ __________ the desire for food.

05 당신이 무엇을 먹는지에 대해 일기를 써라. (eat)

Keep a journal about __________ __________ __________.

본책 p. 52 이름

A 주어진 우리말과 같은 뜻이 되도록 빈칸에 알맞은 말을 | 보기 |에서 골라 쓰시오. (필요시 형태 바꾸기)

| 보기 | fear replace commonly represent poisonous

01 녹색은 환경에 좋은 것들을 나타낸다.

Green __________ things that are good for the environment.

02 사실, 그것은 독성이 있었다.

In fact, it was __________.

03 그것은 벽지에 흔히 사용되었다.

It was __________ used in wallpaper.

04 그것은 Paris green(파리스 그린)이라는 색소로 대체되었다.

It was __________ by a pigment called Paris green.

05 당신은 녹색을 두려워할 필요가 없다!

You don't need to __________ green!

B 우리말 문장을 보고 주어진 영어 단어를 이용하여 문장을 완성하시오.

01 Scheele's green은 1775년에 스웨덴의 한 화학자에 의해 만들어졌다. (create)

Scheele's green __________ __________ __________ a Swedish chemist in 1775.

02 사람들은 아프기 시작했다. (start, get)

People __________ __________ __________.

03 그것 또한 독이 있는 것으로 밝혀졌다. (turn out)

It __________ __________ __________ __________ poisonous as well.

04 Scheele's green처럼 그것은 결국 금지되었다. (eventually, forbid)

Like Scheele's green, it __________ __________ __________.

05 오늘날의 녹색 색소는 개선되어 왔다. (improve)

Today's green pigments __________ __________ __________.

Section 6 01

본책 p. 58　　　　이름 ______________

A

영어 단어에는 우리말 뜻을, 우리말 뜻에는 영어 단어를 쓰시오.

01 select ______________

02 just ______________

03 draw ______________

04 offer ______________

05 smart ______________

06 search engine ______________

07 ______________ 제안

08 ______________ 향상시키다

09 ______________ 추측하다; 추측, 짐작

10 ______________ ~으로 알려져 있다

11 ______________ ~을 잘하다

B

굵게 표시된 부분에 유의하여 우리말 문장을 완성하시오.

01 Do you **want to draw** beautiful pictures?

당신은 아름다운 그림을 ______________________________?

02 The program's artificial intelligence **tries to guess** what you are drawing.

그 프로그램의 인공지능이 당신이 무엇을 그리고 있는지 ______________________________.

03 It will **offer you some better pictures** than yours!

그것은 당신의 것보다 ______________________________ 것이다!

04 AutoDraw **does more than just that**.

AutoDraw는 ______________________________.

05 It **helps Google improve** its artificial intelligence.

그것은 또한 ______________ 인공지능을 ______________________________.

06 The artificial intelligence knows **it has made a good guess**.

인공지능은 ______________________________ 안다.

07 Over time, the artificial intelligence **gets smarter and smarter**!

시간이 지나면서, 인공지능은 ______________________________!

Section 6 02

본책 p. 59 이름

A 영어 단어에는 우리말 뜻을, 우리말 뜻에는 영어 단어를 쓰시오.

01	cheerful	____________	08	____________	비슷한
02	subway	____________	09	____________	100만
03	reduce	____________	10	____________	~을 포함하여
04	underground	____________	11	____________	박물관
05	complete	____________	12	____________	방문; 방문하다
06	be connected to	____________	13	____________	밝은
07	natural sunlight	____________	14	____________	교통량

B 굵게 표시된 부분에 유의하여 우리말 문장을 완성하시오.

01 A visit to Montreal is never complete **without going to RÉSO**.

Montreal 방문은 ________________________ 결코 완전하지 않다.

02 It was built **in order to reduce** traffic.

그곳은 교통량을 ________________________ 지어졌다.

03 **Even on the coldest days**, you don't need a coat.

________________________, 당신은 외투가 필요하지 않다.

04 RÉSO was designed **to let lots of natural sunlight enter**.

RÉSO는 ________________________ 설계되었다.

05 RÉSO **is connected to** the Montreal subway system.

RÉSO는 Montreal 지하철 시스템________________________.

06 **Around half a million people** visit RÉSO every day.

________________________ 매일 RÉSO를 방문한다.

07 Many other cities, **including Seoul**, **are** now **planning** similar projects.

____________ 다른 많은 도시들이 현재 비슷한 프로젝트를 ____________.

Section 6 03

본책 p. 60 이름

A 주어진 우리말과 같은 뜻이 되도록 빈칸에 알맞은 말을 | 보기 |에서 골라 쓰시오. (필요시 형태 바꾸기)

| 보기 | fatty ignore increase decrease spice

01 이것은 특히 지방이 많은 음식에 적용된다.

This is especially true with __________ foods.

02 음식에 든 양념들이 지방질과 섞인다.

The __________ in the dish mix with the fats.

03 이는 음식의 단맛을 증가시킨다.

This __________ the sweetness of the food.

04 그것은 쓴맛을 줄인다.

It __________ its bitterness.

05 냉장고 속의 남은 음식들을 무시하지 마라.

Don't __________ those leftovers in the refrigerator.

B 우리말 문장을 보고 주어진 영어 단어를 이용하여 문장을 완성하시오.

01 'leftovers'는 식사가 끝난 후에 남은 음식이다. (a meal, finish)

"Leftovers" are the food that remains __________ __________ __________ __________ __________.

02 어떤 음식은 다음 날 훨씬 더 맛이 있다. (taste, even, good)

Certain dishes __________ __________ __________ the next day.

03 그것들의 맛이 요리가 된 이후 계속해서 변한다. (continue, change)

Their taste __________ __________ __________ after they are cooked.

04 이는 그 음식에 매우 좋은 냄새를 부여한다. (a very nice scent)

This gives __________ __________ __________ __________ __________ __________.

05 그 결과, 그 음식은 훨씬 더 강력한 맛을 지닌다. (a much, strong)

As a result, the food has __________ __________ __________ __________.

본책 p. 62 이름

A

주어진 우리말과 같은 뜻이 되도록 빈칸에 알맞은 말을 | 보기 |에서 골라 쓰시오. (필요시 형태 바꾸기)

	보기		lock	melt	purpose	construction	fortunately

01 그녀는 얼음 궁전의 건설을 명령했다.

She ordered the __________ of an ice palace.

02 그것은 실제로 다른 목적이 있었다.

It really had a different __________.

03 그녀는 그 부부를 얼음 궁전에 가두었다.

She __________ the couple in the ice palace.

04 다행히도 그들은 살아남았다.

__________, they survived.

05 그 얼음 궁전은 머지않아 녹았다.

The ice palace soon __________.

B

우리말 문장을 보고 주어진 영어 단어를 이용하여 문장을 완성하시오.

01 그녀는 정치에 관심이 없었다. (interest)

She __________ __________ __________ politics.

02 그것은 러시아의 승리를 기념하기 위해 지어졌다. (build, celebrate)

It __________ __________ __________ __________ Russia's victory.

03 그녀는 한 지역의 왕자를 벌하고 싶어 했다. (punish)

She __________ __________ __________ a local prince.

04 여황제는 그가 자신의 하녀 중 한 명과 결혼할 것을 강요했다. (force, marry)

The empress __________ __________ __________ __________ one of her maids.

05 그녀의 잔인함은 오늘날에도 여전히 기억되고 있다. (still)

Her cruelty __________ __________ __________ today.

Section 7 01

본책 p. 68 이름

A 영어 단어에는 우리말 뜻을, 우리말 뜻에는 영어 단어를 쓰시오.

01	item	________	09 ________	회사
02	wallpaper	________	10 ________	원래의
03	afraid	________	11 ________	기술자
04	packaging	________	12 ________	보내다
05	break	________	13 ________	안전한
06	failure	________	14 ________	보호하다
07	be known for	________	15 ________	불행하게도
08	wrap up	________	16 ________	용도

B 굵게 표시된 부분에 유의하여 우리말 문장을 완성하시오.

01 You **need to send** something by mail.

당신은 무언가를 우편으로 ________________.

02 **Wrap it up** in bubble wrap!

________ 뽁뽁이로 ________________!

03 Bubble wrap is known for **keeping items safe**.

뽁뽁이는 ________________으로 알려져 있다.

04 Two engineers **wanted to make** three-dimensional plastic wallpaper.

두 명의 기술자는 입체적인 플라스틱 벽지를 ________________.

05 **One of the engineers** had a better idea.

________________ 더 나은 생각을 떠올렸다.

06 People could use the air bubbles in the wallpaper **to protect fragile items**!

사람들이 벽지에 들어 있는 기포를 ________________ 사용할 수 있다!

본책 p. 69 이름

A 영어 단어에는 우리말 뜻을, 우리말 뜻에는 영어 단어를 쓰시오.

01 cancer ______________
02 scented ______________
03 dangerous ______________
04 react ______________
05 contain ______________
06 create ______________
07 light ______________
08 candle ______________
09 ______________ 심각하게
10 ______________ 향료
11 ______________ 섞이다
12 ______________ 화학 물질
13 ______________ 야기하다
14 ______________ 기체, 가스
15 ______________ 해를 끼치다
16 ______________ 마음을 느긋하게 해 주는

B 굵게 표시된 부분에 유의하여 우리말 문장을 완성하시오.

01 **Few people know** that they can be dangerous.

그것들이 위험할 수 있다는 것을 ______________________________.

02 The perfumes **used in these candles** contain chemicals.

______________________________ 향료에는 화학 물질들이 들어 있다.

03 This **makes the candles dangerous**.

이것이 ______________________________.

04 A chemical called limonene **smells like lemons**.

리모넨이라고 불리는 화학 물질은 ______________________________.

05 **When it mixes with other gases**, it makes formaldehyde.

______________________________ 포름알데히드를 만든다.

06 **To stay safe**, never light scented candles when all the doors and windows are closed.

______________________________ 문과 창문들이 모두 닫혀 있을 때는 절대로 향초를 켜지 마라.

Section 7 03

본책 p. 70 이름

A

주어진 우리말과 같은 뜻이 되도록 빈칸에 알맞은 말을 | 보기 |에서 골라 쓰시오. (필요시 형태 바꾸기)

| 보기 | real staff castle famous staircase

01 디즈니의 유명한 영화 '겨울왕국'을 보았는가?

Did you see Disney's __________ movie *Frozen*?

02 Elsa(엘사)는 그녀의 마법으로 얼음성을 만들었다!

Elsa made an ice __________ with her magic!

03 스웨덴에 있는 Icehotel 365에서, 우리는 얼음성을 실생활에서 경험할 수 있다!

At Icehotel 365 in Sweden, we can experience one in __________ life!

04 그 호텔에서 우리는 얼음 계단을 오를 수 있다!

At the hotel, we can climb an ice __________!

05 호텔 직원이 투숙객을 위해 따뜻한 음료를 준비해 준다.

The hotel __________ prepares hot drinks for the guests.

B

우리말 문장을 보고 주어진 영어 단어를 이용하여 문장을 완성하시오.

01 태양열 발전이 그 얼음이 녹는 것을 막는다. (prevent, melt)

Solar power __________ __________ __________ __________ __________.

02 총 객실 수는 50개 넘게 늘어난다. (total number, increase)

__________ __________ __________ __________ __________ __________ to more than fifty.

03 많은 객실이 유명한 건축가들에 의해 만들어진다. (build, architect)

Many of the rooms __________ __________ __________ __________ __________.

04 호텔에 있는 모든 것은 얼음으로 만들어진다. (make, ice)

Everything in the hotel __________ __________ __________ __________.

05 동물의 모피 제품이 당신이 잘 때 따뜻하게 해 줄 것이다. (keep)

Animal furs will __________ __________ __________ when you sleep.

Section 7 04

본책 p. 72　　이름 ______

A

주어진 우리말과 같은 뜻이 되도록 빈칸에 알맞은 말을 | 보기 |에서 골라 쓰시오. (필요시 형태 바꾸기)

| 보기 | repeat　mistake　strange　information　concentrate

01 우리는 실수를 할 때 우리 자신에게 말하기도 한다.

When we make a(n) __________, we may say to ourselves.

02 혼잣말을 하는 것은 이상한 일이 아니다.

Talking to ourselves is not __________.

03 혼잣말은 우리가 일에 집중하게 하는 데 도움이 된다.

Talking to ourselves helps us __________ on our work.

04 혼잣말은 우리가 새로운 정보를 이해하는 데 도움이 된다.

Talking to ourselves helps us understand new __________.

05 그것을 받아 적는 대신 자신에게 반복해서 말해 보아라.

__________ it to yourself instead of writing it down.

B

우리말 문장을 보고 주어진 영어 단어를 이용하여 문장을 완성하시오.

01 내가 어떻게 그런 어리석은 실수를 했을까? (such, stupid)

How could I make __________ __________ __________ __________?

02 당신은 이렇게 혼잣말을 해 본 적이 있는가? (ever, talk)

Do you __________ __________ __________ __________ like this?

03 혼잣말은 우리 자신이 다시 시도하도록 격려하는 데 도움이 된다. (encourage, oneself, try)

Talking to ourselves helps us __________ __________ __________ __________ __________.

04 이것은 당신이 그것을 이해하는 데 도움이 될 것이다. (understand)

This will __________ __________ __________ __________ it.

05 네가 뭔가 잘못하고 있다고 느끼지 마라. (something, wrong)

Don't feel like you're __________ __________ __________.

본책 p. 78 이름

A 영어 단어에는 우리말 뜻을, 우리말 뜻에는 영어 단어를 쓰시오.

01 gene ____________

02 bitter ____________

03 actually ____________

04 hate ____________

05 develop ____________

06 cucumber ____________

07 human being ____________

08 ____________ 믿다

09 ____________ 특정한

10 ____________ ~을 포함하여

11 ____________ 이유, 원인

12 ____________ 맛; 맛이 나다

13 ____________ 과거에는

B 굵게 표시된 부분에 유의하여 우리말 문장을 완성하시오.

01 They say cucumbers **actually taste bitter**.

그들은 오이가 ____________________ 말한다.

02 Many people **believed that there were psychological reasons** for this.

많은 사람들이 이에 대해 ____________________.

03 Scientists say **that the cause is genetic**.

과학자들은 ____________________ 말한다.

04 These people **find some other foods bitter**.

이러한 사람들은 ____________________.

05 **The more** the gene develops, **the worse** these foods taste.

그 유전자가 ____________, 이 음식의 맛은 ____________.

06 Scientists now **call these people "supertasters."**

과학자들은 이제 ____________________.

본책 p. 79 이름

A 영어 단어에는 우리말 뜻을, 우리말 뜻에는 영어 단어를 쓰시오.

01 mushroom ______

02 reason ______

03 fault ______

04 airline ______

05 affect ______

06 noisy ______

07 scientific ______

08 chef ______

09 air pressure ______

10 ______ 맛, 풍미

11 ______ 해초

12 ______ 불평하다

13 ______ 소음

14 ______ 낮은

15 ______ 짠, 짭짤한

16 ______ 연구

17 ______ 단, 달콤한

18 ______ 건조한

B 굵게 표시된 부분에 유의하여 우리말 문장을 완성하시오.

01 **Few people enjoy eating** on airplanes.

기내에서 ______.

02 They often complain **that the food doesn't taste good**.

그들은 종종 ______.

03 Food tastes less salty or sweet **when it is eaten in a noisy place**.

______ 음식이 덜 짜거나 단 맛이 난다.

04 **There is one kind of taste** that isn't affected by noise.

소음에 영향을 받지 않는 ______.

05 Airline chefs often use **foods that have a strong umami flavor**.

항공사 주방장들은 ______ 자주 사용한다.

06 **The air in a flying plane** is very dry.

______ 매우 건조하다.

Section 8 03

본책 p. 80 　　　 이름

A

주어진 우리말과 같은 뜻이 되도록 빈칸에 알맞은 말을 | 보기 |에서 골라 쓰시오. (필요시 형태 바꾸기)

| 보기 |	find out	sound	contest	last

01 우리는 파이 던지기 대회를 할 것입니다.

We will have a pie-throwing __________.

02 '파이(pie)'라는 단어가 '파이(pi)'와 똑같이 발음되기 때문입니다!

Because the words "pie" and "pi" __________ the same!

03 축제에 오셔서 알아보세요!

Come to the festival and __________!

04 오후 4시에 시작하여 6시까지 계속될 것입니다.

It starts at 4:00 p.m. and will __________ until 6:00 p.m.

B

우리말 문장을 보고 주어진 영어 단어를 이용하여 문장을 완성하시오.

01 파이 데이는 매년 3월 14일에 기념됩니다. (celebrate)

Pi Day __________ __________ __________ March 14 every year.

02 왜냐하면 파이(π)의 첫 세 개의 숫자가 3, 1, 그리고 4이기 때문입니다. (that)

__________ __________ the first three numbers of pi (π) are 3, 1, and 4.

03 당신은 파이가 무엇인지 잘 모릅니다. (pi)

You're not sure __________ __________ __________.

04 파이가 왜 그렇게 흥미로운 숫자인지에 대한 발표도 있을 예정입니다. (interesting)

There will be a presentation about why pi is __________ __________ __________ __________.

05 축제는 3월 14일 수요일 방과 후에 열릴 것입니다. (hold)

The festival __________ __________ __________ after school on Wednesday, March 14.

본책 p. 82 이름

A 주어진 우리말과 같은 뜻이 되도록 빈칸에 알맞은 말을 | 보기 |에서 골라 쓰시오. (필요시 형태 바꾸기)

| 보기 | expect　hard　clearly　special　surprisingly

01 놀랍게도 쥐들도 웃는다.

__________, rats laugh too.

02 그들은 쥐의 소리를 들을 수 있는 특수한 기계를 가지고 있었다.

They had a(n) __________ machine that can hear rat sounds.

03 쥐들이 아주 심하게 웃었다.

The rats laughed really __________.

04 그들은 분명히 즐겁게 놀면서 웃는 것을 좋아한다.

They __________ like to have fun and laugh.

05 쥐가 웃는 것을 들을 거라고 기대하지는 마라.

Don't __________ to hear a rat laughing.

B 우리말 문장을 보고 주어진 영어 단어를 이용하여 문장을 완성하시오.

01 이 기계를 사용함으로써, 그들은 쥐들이 웃는다는 것을 알아냈다. (use, machine)

__________ __________ __________ __________, they found out that the rats laughed.

02 쥐의 웃음은 인간의 웃음과 똑같지는 않다. (the same)

A rat's laugh __________ __________ __________ __________ __________ a person's laugh.

03 그 소리는 너무 높아서 우리는 귀로 들을 수가 없다. (high, us, hear)

The sound is __________ __________ __________ __________ __________ __________ with our ears.

04 과학자들은 특수한 기계를 써야만 했다. (have, use)

The scientists __________ __________ __________ the special machine.

05 그것을 간지럽혀서 웃게 만들어 보는 건 어떨까? (why, tickle)

__________ __________ __________ __________ it and make it laugh?

Section 9 01

본책 p. 88 이름

A

영어 단어에는 우리말 뜻을, 우리말 뜻에는 영어 단어를 쓰시오.

01 mix ____________

02 smog ____________

03 terrible ____________

04 purpose ____________

05 hopefully ____________

06 reduce ____________

07 polluted ____________

08 ____________ 맛, 풍미

09 ____________ 역겨운, 구역질나는

10 ____________ 제빵사

11 ____________ 숨을 쉬다

12 ____________ 오염

13 ____________ 무시하다

14 ____________ 독특한

B

굵게 표시된 부분에 유의하여 우리말 문장을 완성하시오.

01 Think about **the taste of the polluted air** in your city.

당신이 살고 있는 도시의 ____________________에 대해 생각해 보자.

02 There are smog meringue cookies **that are made with polluted air**.

____________________ 스모그 머랭 쿠키가 있다.

03 They all **taste disgusting**.

그것들 모두 ____________________.

04 The purpose is **to make people think about the dirty air**.

그 목적은 ____________________이다.

05 It's easy **to forget about air pollution**.

____________________ 쉽다.

06 It is harder **to ignore it when it is in a cookie**.

____________________ 더 어렵다.

07 These terrible cookies will make people find **ways to reduce air pollution**.

이런 끔찍한 쿠키가 사람들이 ____________________ 찾게 할 것이다.

Section 9 02

본책 p. 89 이름 ______________

A 영어 단어에는 우리말 뜻을, 우리말 뜻에는 영어 단어를 쓰시오.

01 pouch ______________

02 egg ______________

03 act ______________

04 amazing ______________

05 kangaroo ______________

06 carry ______________

07 ______________ 충분히

08 ______________ 똑바로

09 ______________ 방출하다

10 ______________ 부화하다

11 ______________ 꼬리

12 ______________ (알을) 낳다

B 굵게 표시된 부분에 유의하여 우리말 문장을 완성하시오.

01 **Have** you **ever seen** a seahorse?

당신은 해마를 ______________________________?

02 It **looks really strange**.

그것은 ______________________________.

03 Others **can be more than** 30 centimeters long.

다른 것들은 길이가 30센티미터를 ______________________________.

04 They swim **standing straight up**.

그것들은 ______________________________ 헤엄친다.

05 The father **acts like** a mother.

아빠는 엄마______________________________.

06 He carries them **until they hatch**.

그는 ______________________________ 그것들을 품고 다닌다.

07 **When the babies are big enough**, he releases them.

______________________________ 그는 그들을 내보낸다.

Section 9 03

본책 p. 90　　이름 ____________

A 주어진 우리말과 같은 뜻이 되도록 빈칸에 알맞은 말을 | 보기 |에서 골라 쓰시오. (필요시 형태 바꾸기)

보기					
	cost	account	thief	recommend	track

01 나는 도둑이 아니다!

I'm not a(n) __________!

02 이 새로운 형태의 매장은 물품들을 추적하기 위해 컴퓨터 센서를 이용한다.

This new kind of store uses computer sensors to __________ the items.

03 당신이 나갈 때, 그 앱이 전부 얼마인지 합산한다.

When you leave, the app adds up how much everything __________.

04 총액은 자동으로 당신의 계좌에 청구된다.

The total is automatically charged to your __________.

05 나는 이 매장을 당신에게 추천한다.

I __________ this shop to you.

B 우리말 문장을 보고 주어진 영어 단어를 이용하여 문장을 완성하시오.

01 나는 슈퍼마켓 계산대에서 줄 서서 기다리는 것을 싫어한다. (hate, wait)

I __________ __________ __________ __________ at the supermarket counter.

02 나는 내가 원하는 식품을 가지고 바로 걸어 나온다. (that, want)

I take the food __________ __________ __________, and then walk right out.

03 그것은 쇼핑 카트 앱에 추가된다. (add)

__________ __________ __________ to the shopping cart app.

04 당신은 심지어 지갑을 가져올 필요도 없다! (even, bring)

You __________ __________ __________ __________ __________ your wallet!

05 당신은 그것이 얼마나 편리한지에 놀랄 것이다.(easy)

You'll be amazed at __________ __________ __________ __________.

본책 p. 92 이름

A 주어진 우리말과 같은 뜻이 되도록 빈칸에 알맞은 말을 | 보기 |에서 골라 쓰시오. (필요시 형태 바꾸기)

| 보기 | flat real shape slightly strange

01 사람들은 자신들이 사진에서 이상하게 보인다고 생각한다.
People think they look ________ in photos.

02 그들의 얼굴은 납작해 보인다.
Their faces seem ________.

03 실생활에서 우리는 모든 것을 3차원으로 본다.
In ________ life we see everything in three dimensions.

04 둥근 형태들은 더 작고 더 납작해 보인다.
Round ________ look smaller and flatter.

05 당신은 약간 위나 아래를 보아야 한다.
You should look up or down ________.

B 우리말 문장을 보고 주어진 영어 단어를 이용하여 문장을 완성하시오.

01 사진 속 당신이 보이는 방식이 마음에 드는가? (the way, look)
Do you like ________ ________ ________ ________ in photographs?

02 그들의 눈은 작아 보인다. (small)
Their eyes ________ ________.

03 당신의 얼굴은 실제보다 더 납작하게 보인다. (flat, it)
Your face looks ________ ________ ________ ________.

04 당신의 사진을 더 나아 보이게 하는 한 가지 방법이 있다. (make, one's photos, look)
There is an easy way ________ ________ ________ ________
________ ________.

05 카메라를 똑바로 보지 않도록 노력해라. (try, look right)
________ ________ ________ ________ ________ at the camera.

Section 10 01

본책 p. 98 이름 ______

A 영어 단어에는 우리말 뜻을, 우리말 뜻에는 영어 단어를 쓰시오.

01 delicious ______

02 whole ______

03 lose ______

04 stomach ______

05 calorie ______

06 digest ______

07 a stick of ______

08 celery ______

09 ______ 익히지 않은

10 ______ 포함하다, 함유하다

11 ______ 전반적으로

12 ______ 살을 빼다

13 ______ 예, 보기

14 ______ 적

15 ______ 마이너스의

B 굵게 표시된 부분에 유의하여 우리말 문장을 완성하시오.

01 People **are trying to lose weight**.

사람들이 ______.

02 There are some foods **that** actually **help you lose weight**!

실제로 ______ 몇 가지 음식들이 있다!

03 These foods **cause your body to lose calories**.

이 음식들은 ______.

04 They **are called "negative calorie" foods**.

그것들은 ______.

05 The human body **takes** between 24 and 72 hours **to digest food**.

인간의 몸이 ______ 24시간에서 72시간이 ______.

06 The body burns **more than five calories to digest it**.

몸은 ______ 태운다.

Section 10 02

본책 p. 99 이름 ______________

A 영어 단어에는 우리말 뜻을, 우리말 뜻에는 영어 단어를 쓰시오.

01 ocean ______________

02 surface ______________

03 human ______________

04 towards ______________

05 lie down ______________

06 actively ______________

07 different from ______________

08 ______________ 상어

09 ______________ 바닥

10 ______________ ~와 달리

11 ______________ 가라앉다

12 ______________ 호흡하다

13 ______________ 휴식을 취하다, 자다

B 굵게 표시된 부분에 유의하여 우리말 문장을 완성하시오.

01 Sharks **need time to rest** like any other animal.

상어는 다른 어느 동물들처럼 ______________________________.

02 They **need to keep swimming**.

그들은 ______________________________.

03 **If they're not swimming**, they can't breathe!

______________________________, 그들은 숨을 쉴 수 없다!

04 They do something **called yo-yo swimming**.

그들은 ______________________________ 것을 한다.

05 This means **that they stop actively swimming**.

이것은 ______________________________ 의미한다.

06 They **are able to get some sleep**.

그들은 ______________________________.

본책 p. 100 이름

A 주어진 우리말과 같은 뜻이 되도록 빈칸에 알맞은 말을 | 보기 |에서 골라 쓰시오. (필요시 형태 바꾸기)

보기	drop	wavy	growth	fall out	straight

01 이 머리카락은 종종 시간이 조금 지나면 빠진다.

This hair often __________ a short time later.

02 이 호르몬이 머리카락의 성장을 초래한다.

These hormones can cause hair __________.

03 출생 후, 호르몬 수치는 떨어진다.

After birth, the hormone levels __________.

04 그들의 아들은 굵은 직모의 검은 머리카락을 가지고 태어났다.

Their son was born with thick, __________, black hair.

05 그들은 둘 다 가늘고 구불구불한 금발 머리카락을 가지고 있다.

They both have thin, __________, blond hair.

B 우리말 문장을 보고 주어진 영어 단어를 이용하여 문장을 완성하시오.

01 많은 아기들이 머리에 머리카락이 가득 나 있는 채로 태어난다. (born, with)

Many babies __________ __________ __________ a full head of hair.

02 이것이 부모들을 걱정시키기도 하지만 그것은 지극히 정상적인 것이다. (although, may)

__________ __________ __________ __________ __________, it's perfectly natural.

03 아기들은 태어나기 전에 높은 수치의 호르몬을 갖는다. (before, born)

__________ __________ __________ __________, they have high levels of hormones.

04 새 머리카락이 자라기 시작한다. (start, grow)

New hair __________ __________ __________.

05 물론 그들은 매우 놀랐다! (very, surprise)

Of course, they __________ __________ __________!

본책 p. 102 이름

A 주어진 우리말과 같은 뜻이 되도록 빈칸에 알맞은 말을 | 보기 |에서 골라 쓰시오. (필요시 형태 바꾸기)

보기	tiny	grow	rock	survive	possible

01 생존하기 위해 그는 감자를 재배한다.

To __________, he grows potatoes.

02 이것이 실생활에서도 가능할까?

Would this be __________ in real life?

03 그는 그 암석들에서 흙을 채취했다.

He took soil from the __________.

04 그는 이곳 지구에서 화성의 흙에 그것들을 재배했다.

He __________ them in Martian soil here on Earth.

05 그는 아스파라거스와 감자 묘목의 작은 조각들에게 물을 주었다.

He gave water to __________ bits of asparagus and potato plants.

B 우리말 문장을 보고 주어진 영어 단어를 이용하여 문장을 완성하시오.

01 우주 비행사 Mark Watney는 화성에 홀로 남게 된다. (leave, alone)

Astronaut Mark Watney __________ __________ __________ on Mars.

02 몇 주 후에 그 식물들은 몇 센티미터가 자랐다. (in, a few)

__________ __________ __________ __________, the plants had grown several centimeters high.

03 그는 지구로 떨어진 암석 두 개를 발견했다. (that, fall to)

He found two rocks __________ __________ __________ __________.

04 채소가 그렇게 잘 자라는 것을 보니까 신이 나더라고요. (the vegetables, grow)

I was excited __________ __________ __________ __________ __________ so well.

05 화성에 사는 사람들이 거기서 자신들의 식량을 재배할 수 있을 거예요. (live, Mars)

__________ __________ __________ __________ could grow their own food there.

기초부터 내신까지 중학 독해 완성

1316 READING

WORKBOOK
정답

LEVEL 1

Section 1 01 p. 2

A

01 튕겨내다 02 박테리아, 세균 03 위치해 있다
04 독특한 05 흙의 06 냄새, 향기
07 recognize 08 wet 09 moisture
10 produce 11 cause 12 carry

B

01 냄새를 맡아본 적이 있는가 02 에 의해 야기된다
03 geosmin(지오스민)이라고 불리는
04 우리 모두가 인식하는 05 보통, 사이에 (위치해) 있다
06 들어가게 한다 07 비가 오면[비가 올 때]

Section 1 02 p. 3

A

01 그리스인 02 (해·달이) 뜨다 03 역시, 또한
04 빛나다 05 term 06 close
07 ancient 08 in the middle of

B

01 밝게 빛나고 있다 02 로부터 왔다
03 가장 밝은 별을 04 로 알려져 있다
05 에 매우 가깝다 06 에 의해 야기되었다
07 보통[대개], 시작한다

Section 1 03 p. 4

A

01 throw away 02 roots 03 contain
04 rot 05 sprinkle

B

01 make plants healthy
02 grow faster and bigger
03 helps the eggshells break down
04 can be used
05 Try making eggshell fertilizer

Section 1 04 p. 5

A

01 breathe 02 surface 03 towards
04 grab 05 sight

B

01 seen whales release[releasing]
02 for fish to breathe
03 to get more oxygen 04 wanting to feed on
05 are unable to escape

Section 2 01 p. 6

A

01 줄어들다 02 ~까지 03 주로, 대부분
04 기술자 05 야기하다, 일으키다
06 ~으로 만들어지다 07 가능한 08 height
09 wonder 10 original 11 expand
12 temperature 13 iron 14 effect

B

01 에펠탑의 높이가 바뀐다는 것을
02 더 짧아진다 03 철로 만들어졌다
04 에 강력한 영향을 미친다 05 그것이 뜨거워지면
06 이것이 위험한지 아닌지 07 탑을 안전하게 유지해 준다

Section 2 02 p. 7

A

01 해안 02 거대한
03 여러 가지의, 다양한 04 싱크홀(움푹 패인 땅)
05 물속의, 수중의 06 ~으로 가득 차다
07 모험 08 마침내
09 unfortunately 10 collapse 11 form
12 creature 13 flood 14 sight
15 last 16 look for

B

01 찾고 있는가 02 로 알려져 있다

03 여겨진다[믿어진다] 04 상승하기 시작했다
05 형성되었다[만들어졌다] 06 로 채워지고 있다
07 보길 원한다

Section 2 03
p. 8

A

01 broke into 02 recognize 03 placed
04 posted 05 Below

B

01 saw the thief on 02 gave them to customers
03 help people recognize 04 was found and arrested
05 the reason they caught him

Section 2 04
p. 9

A

01 unusual 02 courage 03 palace
04 replaces 05 unfair

B

01 are chosen to be 02 Being a Kumari
03 want their daughters to become
04 To become a Kumari 05 has to wear

Section 3 01
p. 10

A

01 동의하다 02 수수께끼 03 가능한
04 약속을 지키다 05 제안하다 06 discuss
07 find out 08 pay for 09 be full of

B

01 점심을 먹고 있었다 02 그들에게 수수께끼를 냈다
03 아무도, 모르는 것 같았다 04 사야 해
05 의논하기 시작했다 06 냅킨에 무언가를 적었다
07 (그녀는) 약속을 지켰다

Section 3 02
p. 11

A

01 남아 있는 02 (겹겹이 쌓인) 층 03 쓸모없는
04 추가의 05 단단한 06 털 같은
07 게다가 08 없애다, 제거하다 09 사용하다; 용도
10 rot 11 economy 12 last
13 dish 14 chemical 15 material
16 earn 17 local 18 environment

B

01 사용된다
02 그것들을 바이오플라스틱으로 바꾸고 있다
03 특수 화학 물질로 제거한다
04 버려지는 대신에[버려지기보다는]
05 그것을 썩게 하지 않기
06 쓸모없는 코코넛 겉껍질을 팔아서

Section 3 03
p. 12

A

01 emperor 02 past 03 about
04 average 05 author

B

01 There are several reasons
02 longer than they are
03 was usually surrounded by
04 made him look shorter
05 described the emperor as

Section 3 04
p. 13

A

01 get to 02 probably 03 attractive
04 organized 05 experience

B

01 how easy walking
02 the highest walk score

03 don't need to drive
04 Having a high walk score
05 for tourists to walk around

Section 4 01

p. 14

A

01 서로
02 메시지
03 ~을 조합하다, 모으다
04 ~까지, ~에 이르는
05 (곤충의) 더듬이
06 발견
07 straight
08 communicate
09 fishy
10 different
11 sentence
12 insect

B

01 어떤 달콤한
02 어떻게 해야 할까
03 (당신이) 오른쪽으로 돌라는
04 개미들이 서로 의사소통하는 방법
05 의사소통을 하는 데[하기 위해]
06 우리가 단어를 사용하는 것과 같은 방법으로
07 어디에서 음식을 찾을 수 있는지

Section 4 02

p. 15

A

01 지금까지
02 아픈
03 고마워하다
04 갈고리, 낚싯바늘
05 우연히 마주치다
06 정기적으로
07 rub against
08 reach
09 remove
10 professional
11 afterward
12 explore

B

01 (당신의) 손을 넣을 것인가
02 다이빙을 해 왔다
03 상어와 우연히 마주쳤다
04 고마워하는 것 같았다
05 제거해 왔다
06 사람들이, 이해하기를 원한다

Section 4 03

p. 16

A

01 dream of
02 cost
03 register
04 discount
05 miss

B

01 How about exploring
02 Would you like to see
03 takes two days to finish
04 every day of the week
05 for every three students

Section 4 04

p. 17

A

01 research
02 organize
03 translate
04 creator
05 accurate

B

01 can be used by
02 allows students to write
03 is unable to judge
04 teaches it unproven facts
05 to use people's work

Section 5 01

p. 18

A

01 작별 (인사)
02 평상시의, 보통의
03 인사
04 마지막의
05 밤새우다
06 worry
07 realize
08 parrot
09 friendship

B

01 와 (함께) 살았다
02 말을 잘했다
03 잠자리에 들기 전에
04 그것이 그 앵무새의 평상시 작별 인사가 아니었기 때문이다
05 지켜보기 위해
06 결코 다시 깨어나지 않았다
07 왜 앵무새가, 말하지 않았는지

Section 5 02

p. 19

A

01 당황한
02 소리 내어
03 치료, 요법
04 불안해 하는
05 ~에 대해 걱정하다
06 참을성 있게
07 ~하는 데 문제가 있다
08 happily
09 perfect
10 in front of

11 kind
12 audience
13 relax
14 laugh at

B

01 행복하게, 책을 읽고 있다
02 읽는 데 문제를 겪고 있다
03 책을 읽어야 할 때
04 비웃음을 당할까 봐
05 이것이, 이유이다
06 특별히 훈련받는다
07 그 아이들이 긴장을 풀게 해 준다

Section 5 03 p. 20

A

01 wake up
02 regret
03 skip
04 common
05 reduce

B

01 have difficulty falling asleep
02 makes us less hungry
03 to stop it
04 help you control
05 what you eat

Section 5 04 p. 21

A

01 represents
02 poisonous
03 commonly
04 replaced
05 fear

B

01 was created by
02 started getting sick
03 turned out to be
04 was eventually forbidden
05 have been improved

Section 6 01 p. 22

A

01 선택하다
02 단지, 그저
03 그리다
04 제공하다
05 똑똑한, 영리한
06 검색 엔진
07 suggestion
08 improve
09 guess
10 be known for
11 be good at

B

01 그리고 싶은가
02 추측하려고 한다
03 더 나은 그림 몇 개를 당신에게 제안할
04 (단지) 그것보다는 더 많은 일을 한다
05 구글이, 향상시키는 데 도움을 준다
06 자신이 제대로 추측했다는 것을
07 점점 더 똑똑해진다

Section 6 02 p. 23

A

01 쾌적한
02 지하철
03 줄이다
04 지하의
05 완전한
06 ~와 연결되다
07 자연광
08 similar
09 million
10 including
11 museum
12 visit
13 bright
14 traffic

B

01 RÉSO(레조)에 가지 않고는
02 줄이기 위해
03 심지어 가장 추운 날에도
04 많은 자연광이 들어오도록
05 과 연결되어 있다
06 약 50만 명의 사람들이
07 서울을 포함한, 계획하고 있다

Section 6 03 p. 24

A

01 fatty
02 spices
03 increases
04 decreases
05 ignore

B

01 after a meal is finished
02 taste even better
03 continues to change
04 the food a very nice scent
05 a much stronger taste

Section 6 04 p. 25

A

01 construction
02 purpose
03 locked

04 Fortunately　05 melted

B

01 wasn't interested in　02 was built to celebrate
03 wanted to punish　04 forced him to marry
05 is still remembered

Section 7 01

p. 26

A

01 물품　02 벽지　03 걱정하는
04 포장재　05 깨지다　06 실패
07 ~으로 알려지다　08 싸다, 포장하다　09 company
10 original　11 engineer　12 send
13 safe　14 protect
15 unfortunately　16 use

B

01 보내야 한다　02 그것을, 싸라
03 물품을 안전하게 유지하는 것　04 만들고 싶었다
05 그 기술자들 중 한 명이
06 깨지기 쉬운 물품을 보호하는 데[보호하기 위해]

Section 7 02

p. 27

A

01 암　02 향기가 나는　03 위험한
04 반응하다　05 ~이 들어 있다　06 만들어 내다
07 빛; 불을 붙이다　08 초　09 seriously
10 perfume　11 mix　12 chemical
13 cause　14 gas　15 harm
16 relaxing

B

01 아는 사람은 거의 없다　02 이러한 향초에 사용되는
03 향초를 위험하게 만든다　04 레몬 같은 향기를 낸다
05 그것이 다른 기체들과 섞이면　06 안전하게 지내기 위해서

Section 7 03

p. 28

A

01 famous　02 castle　03 real
04 staircase　05 staff

B

01 prevents the ice from melting
02 The total number of rooms increases
03 are built by famous architects
04 is made of ice　05 keep you warm

Section 7 04

p. 29

A

01 mistake　02 strange　03 concentrate
04 information　05 Repeat

B

01 such a stupid mistake
02 ever talk to yourself
03 encourage ourselves to try again
04 help you to understand
05 doing something wrong

Section 8 01

p. 30

A

01 유전자　02 (맛이) 쓴　03 실제로
04 싫어하다　05 발달하다　06 오이
07 사람, 인간　08 believe　09 certain
10 including　11 cause　12 taste
13 in the past

B

01 실제로 쓴맛이 난다고
02 심리적인 이유가[이유들이] 있다고 믿었다
03 그 원인이 유전적인 것이라고
04 몇몇 다른 음식들이 쓴맛이 난다고 여긴다
05 더 발달할수록, 더 나빠진다
06 이러한 사람들을 '미각이 뛰어난 사람'이라 부른다

Section 8 02 p. 31

A

01 버섯 02 이유 03 잘못
04 항공사 05 영향을 미치다 06 시끄러운
07 과학적인 08 요리사, 주방장 09 기압
10 flavor 11 seaweed 12 complain
13 noise 14 low 15 salty
16 study 17 sweet 18 dry

B

01 먹는 것을 즐기는 사람은 거의 없다
02 음식이 맛있지 않다고
03 음식이 시끄러운 장소에서 섭취될 때
04 한 가지 맛이 있다 05 감칠맛이 강한 음식을
06 운항 중인 비행기 안의 공기는

Section 8 03 p. 32

A

01 contest 02 sound 03 find out
04 last

B

01 is celebrated on 02 That's because
03 what pi is
04 such an interesting number
05 will be held

Section 8 04 p. 33

A

01 Surprisingly 02 special 03 hard
04 clearly 05 expect

B

01 By using this machine 02 is not the same as
03 too high for us to hear 04 had to use
05 Why don't you tickle

Section 9 01 p. 34

A

01 섞다, 혼합하다 02 스모그, 연무 03 끔찍한
04 목적 05 바라건대 06 줄이다
07 오염된 08 flavor 09 disgusting
10 baker 11 breathe 12 pollution
13 ignore 14 unique

B

01 오염된 공기의 맛 02 오염된 공기로 만들어진
03 역겨운 맛이 난다
04 사람들이 더러운 공기에 대해 생각해 보도록 하는 것
05 대기 오염에 관해 잊어 버리기
06 그것이 쿠키 속에 있을 때 그것을 무시하기
07 대기 오염을 줄이는 방법을

Section 9 02 p. 35

A

01 주머니 02 알 03 행동하다
04 놀라운 05 캥거루 06 가지고 다니다
07 enough 08 straight 09 release
10 hatch 11 tail 12 lay

B

01 (이제껏) 본 적이 있는가 02 매우 이상해 보인다
03 넘을 수(도) 있다 04 똑바로 서서[선 채로]
05 처럼 행동한다 06 그것들이 부화할 때까지
07 새끼들이 충분히 크면

Section 9 03 p. 36

A

01 thief 02 track 03 costs
04 account 05 recommend

B

01 hate waiting in line 02 that I want
03 It is added

04 don't even have[need] to bring
05 how easy it is

Section 9 04

p. 37

A

01 strange	02 flat	03 real
04 shapes	05 slightly	

B

01 the way you look　02 look[seem] small
03 flatter than it is
04 to make your photos look better
05 Try not to look right

Section 10 01

p. 38

A

01 맛있는	02 전체의	03 잃다
04 위, 배	05 열량, 칼로리	06 소화하다
07 ~ 한 대	08 셀러리	09 uncooked
10 contain	11 overall	12 lose weight
13 example	14 enemy	15 negative

B

01 살을 빼려고 노력하고[애쓰고] 있다
02 당신이 살 빼는 것을 돕는
03 당신의 몸이 칼로리를 잃게 한다
04 '네거티브 칼로리' 음식이라 불린다
05 음식을 소화하는 데, 걸린다
06 그것을 소화하기 위해, 5칼로리 넘게

Section 10 02

p. 39

A

01 대양, 바다	02 표면, 수면	03 인간
04 ~을 향하여	05 눕다	06 활발히
07 ~와 다른	08 shark	09 bottom
10 unlike	11 sink	12 breathe
13 rest		

B

01 휴식을 취할 시간이 필요하다
02 계속 헤엄을 쳐야 한다　03 그들이 헤엄치지 않으면
04 요요 헤엄이라고 불리는
05 그들이 활발하게 헤엄치기를 멈추는 것을
06 잠을 잘 수 있다

Section 10 03

p. 40

A

01 falls out	02 growth	03 drop
04 straight	05 wavy	

B

01 are born with
02 Although this may worry parents
03 Before babies are born
04 starts to grow
05 were very surprised

Section 10 04

p. 41

A

01 survive	02 possible	03 rocks
04 grew	05 tiny	

B

01 is left alone　02 In a few weeks
03 that fell to Earth
04 to see the vegetables grow[growing]
05 People living on Mars

MEMO

MEMO

MEMO

MEMO

MEMO

MEMO